Tatort-Premiere Schwanensee, 29. Oktober 2015, © ktr

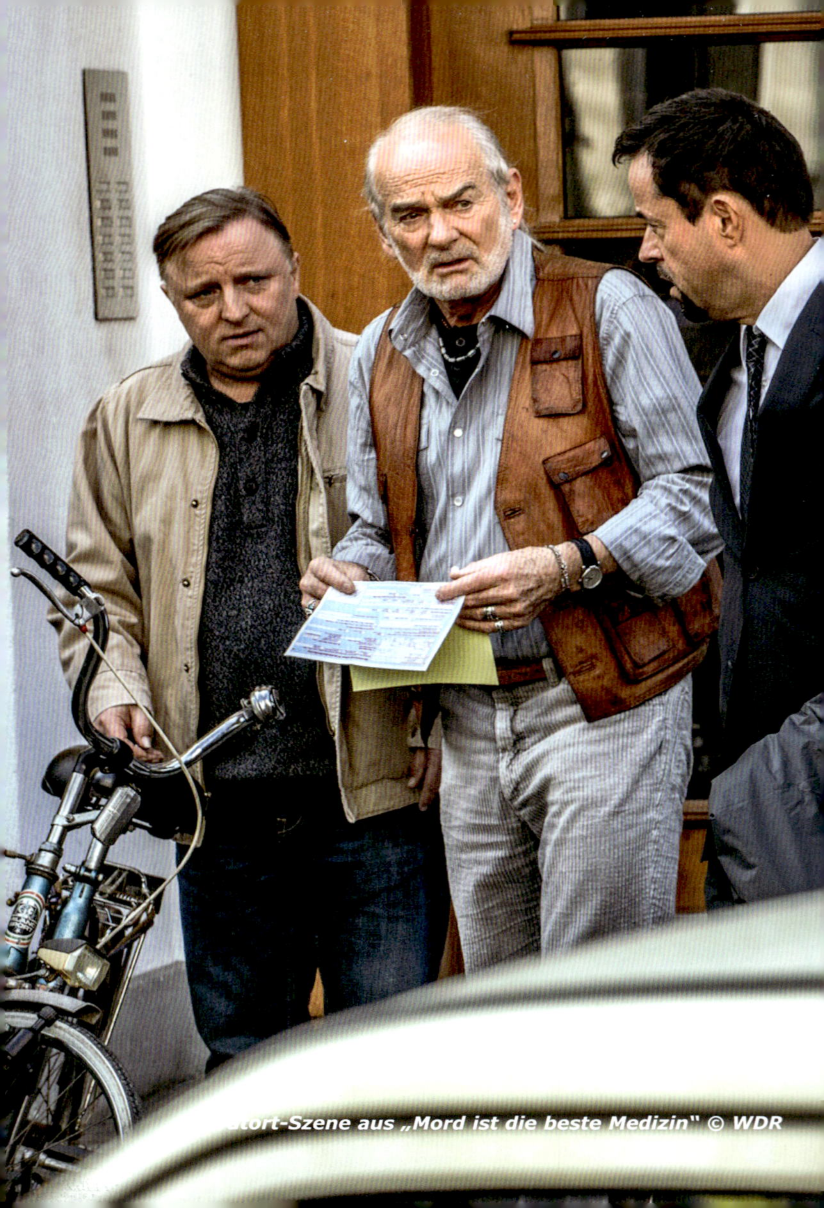

atort-Szene aus „Mord ist die beste Medizin" © WDR

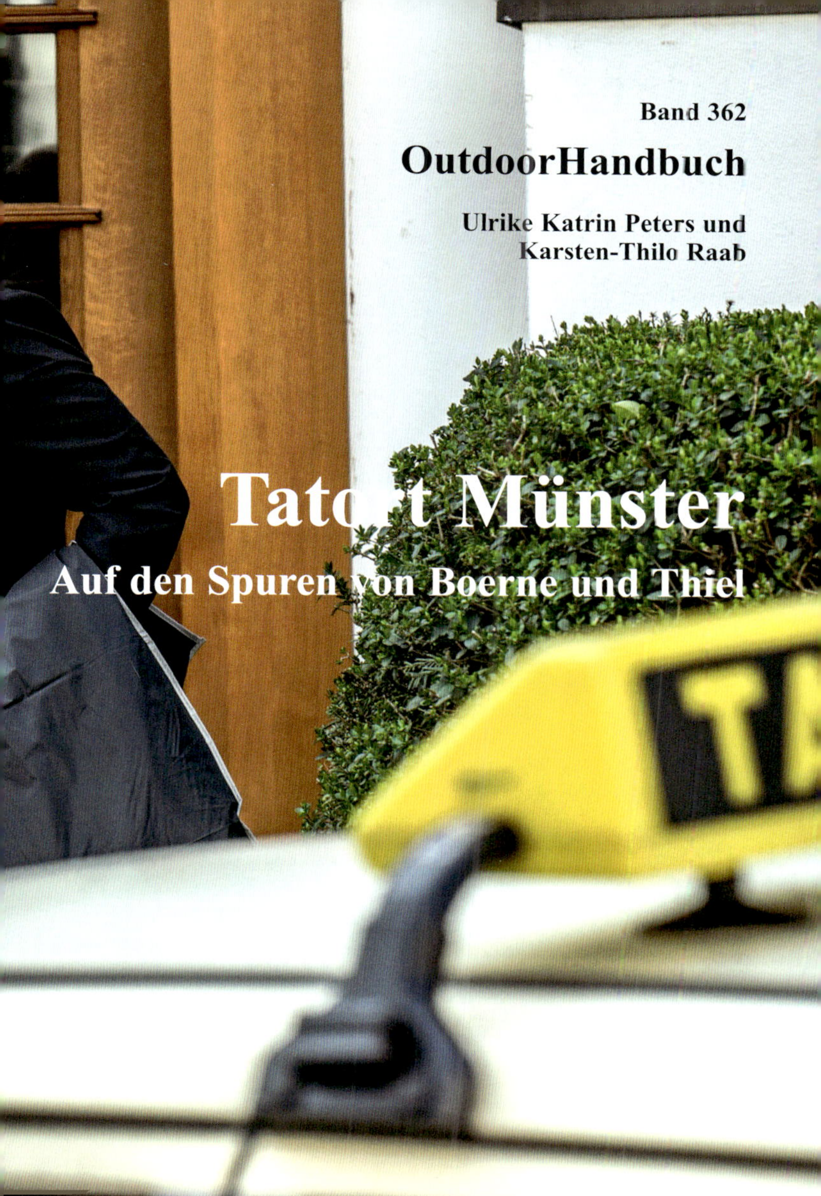
Band 362
OutdoorHandbuch
Ulrike Katrin Peters und
Karsten-Thilo Raab
Tatort Münster
Auf den Spuren von Boerne und Thiel

Tatort Münster

Die Autoren und der Verlag sind für Lesertipps und Verbesserungen (besonders per E-Mail) unter Angabe der Auflagennummer und Seitenzahl dankbar.

Dieses OutdoorHandbuch hat 128 Seiten mit 62 farbigen Abbildungen sowie 6 farbigen Kartenskizzen und einer farbigen, ausklappbaren Übersichtskarte. Es wurde auf chlorfrei gebleichtem, FSC®-zertifiziertem Papier gedruckt, in Deutschland klimaneutral hergestellt und transportiert und wegen der größeren Strapazierfähigkeit mit PUR-Kleber gebunden.

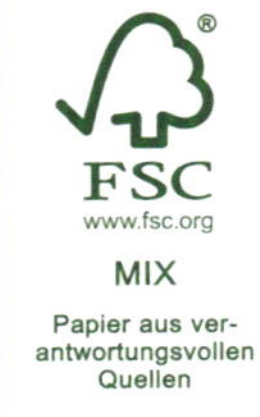

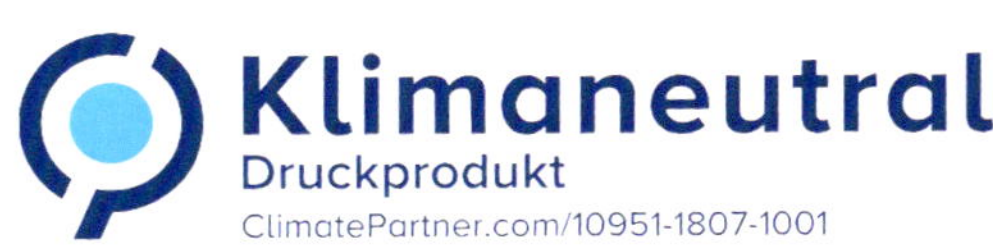

Dieses Buch ist im Buchhandel und in Outdoor-Läden erhältlich und kann im Internet oder direkt beim Verlag bestellt werden.

OutdoorHandbuch aus der Reihe „Der Weg ist das Ziel", Band 362

ISBN 978-3-86686-586-0 2., überarbeitete Auflage 2018

Text: Ulrike Katrin Peters & Karsten-Thilo Raab
Fotos: WDR, Karsten-Thilo Raab (ktr), Ulrike Katrin Peters (ukp) und Amrei Risse (ar)
Karten: Heide Schwinn
Lektorat: Amrei Risse und Anna-Lena Ebner
Layout: Manuela Dastig

Gesamtherstellung: gutenberg beuys feindruckerei

Dieses OutdoorHandbuch wurde konzipiert und redaktionell erstellt vom:

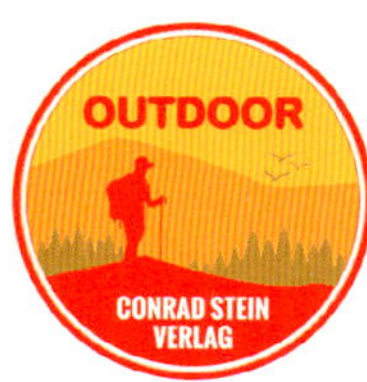

Conrad Stein Verlag GmbH, Kiefernstr. 6, 59514 Welver,
☏ 023 84/96 39 12, FAX 023 84/96 39 13,
info@conrad-stein-verlag.de,
www.conrad-stein-verlag.de

Besuchen Sie uns bei Facebook & Instagram:

 www.facebook.com/outdoorverlag

 www.instagram.com/outdoorverlag

Titelfoto: Prinzipalmarkt (ktr)

Inhalt

Vorwort

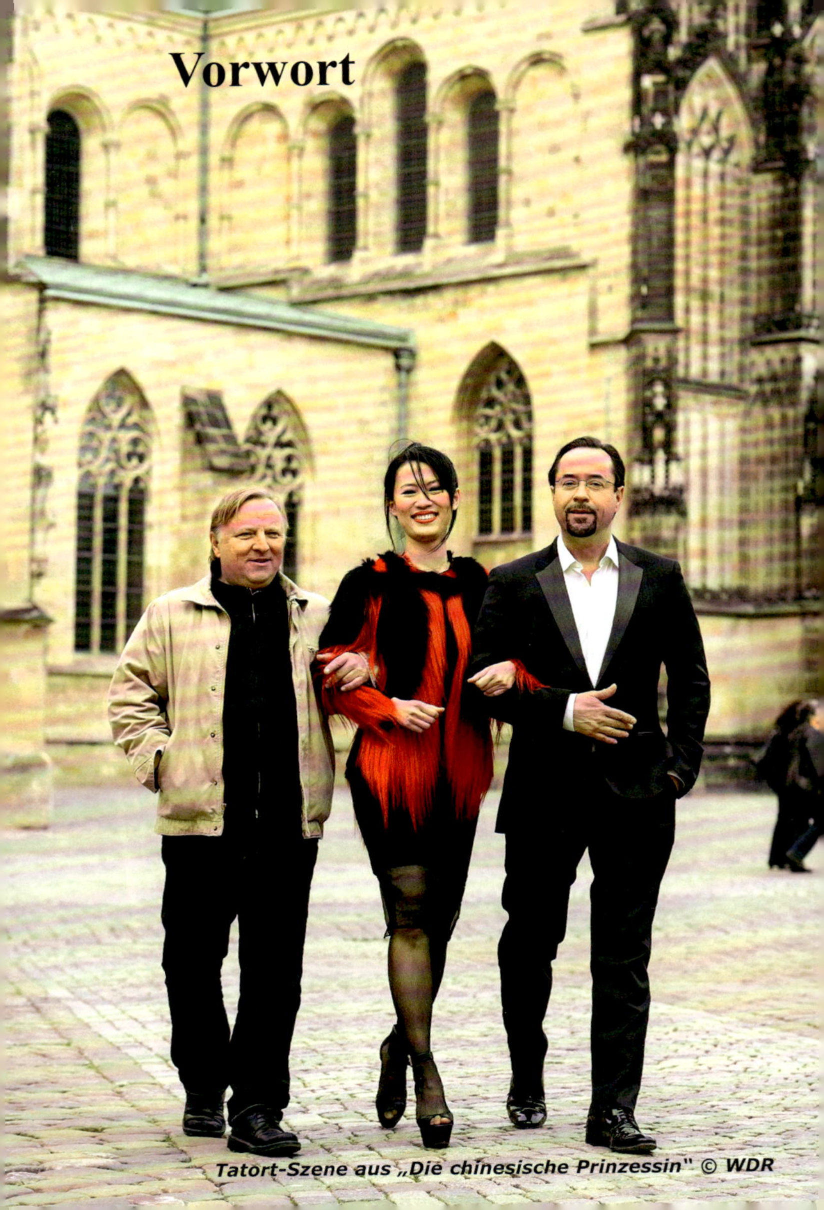

Tatort-Szene aus „Die chinesische Prinzessin" © WDR

Ein ungleiches Paar und witzig spritzige Dialoge sind die Grundbausteine für einen besonders erfolgreichen Teil der Tatort-Reihe im deutschen Fernsehen. Die Tatort-Folgen aus Münster bescheren der ARD regelmäßig Rekordeinschaltquoten und eine ständig wachsende Fangemeinde.

Obwohl sie sich chronisch zanken, sind Kommissar Frank Thiel (Axel Prahl) und Rechtsmediziner Karl-Friedrich Boerne (Jan Josef Liefers) fraglos das Traumpaar der deutschen Krimiunterhaltung. Das schräge Ermittlergespann ist der ungeschlagene Quotenkönig unter den Tatort-Folgen aus Deutschland, Österreich und der Schweiz. Während die durchschnittliche Zuschauerzahl bei Erstausstrahlungen von anderen Tatorten bei acht bis neun Millionen liegt, ziehen die Münsteraner Folgen regelmäßig drei bis vier Millionen zusätzliche Krimifans in ihren Bann.

Erfrischend ist sicher auch die Tatsache, dass Thiel und Boerne nicht in irgendeiner Metropole wie Berlin, München, Hamburg oder Frankfurt auf Verbrecherjagd gehen, sondern in der westfälischen Provinz. Passenderweise ist Hauptdarsteller Axel Prahl als Kommissar Thiel in Deutschlands Fahrradhochburg Nummer eins gerne mal mit dem Drahtesel unterwegs. Dabei wird immer mal wieder eine typische Stadtansicht von Münster in den Blick gerückt.

Gleichwohl gönnen sich die Macher des Münsteraner Tatorts hier und da schon mal eine gewisse künstlerische Freiheit. Da gibt es mal ein Café auf dem Schlossplatz, das der geneigte Krimifan dann vor Ort vergeblich sucht. Auch die nebeneinander liegenden Wohnungen von Boerne und Thiel, die scheinbar im beliebten **Kreuzviertel** zu finden sind (tatsächlich aber an der Haydnstraße 49 in Köln liegt) lassen sich dort nicht entdecken. Und bei Verfolgungsjagden werden schon mal Routen eingeschlagen, die so partout nicht gefahren werden können, weil die hintereinander gezeigten Straßenzüge an ganz anderen Enden der Stadt liegen. Wie bei vielen anderen Fernsehproduktionen werden – schon aus Kostengründen – viele Teile der Serie in Studios (zumeist in Köln) abgedreht. Gleichwohl gibt es keine Tatort-Folge, bei der nicht einige markante Außenaufnahmen in Münster und Umgebung abgedreht werden. Insbesondere der Prinzipalmarkt, die Lambertikirche und der Dom werden fast in jeder Folge wenigstens kurz in den Blick gerückt.

Keine Frage, wer heute den Namen Münster erwähnt, ruft garantiert ganz schnell Verbindungen zu Thiel und Boerne auf den Plan. Die beiden Tatort-Figuren haben Münster noch stärker auf die touristische Landkarte gerückt und sind längst zu einem wichtigen Marketinginstrument sowie zu Identifikationsfiguren für die Stadt geworden.

Pro Drehtag verbleiben nach Schätzungen zwischen 5.000 und 8.000 Euro in der Stadt beziehungsweise Region. Allein im Jahre 2010 summierte sich dies bei 120 Drehtagen (auch für andere Filme) auf über 600.000 Euro. In dieser Summe nicht enthalten sind die touristischen Effekte. Denn immer mehr Krimifans kommen nach Münster, um die Stadt auf den Spuren der fiktiven Fälle von Thiel und Boerne zu entdecken und die Drehorte der Tatort-Folgen in Augenschein zu nehmen.

Kaum verwunderlich, dass auch Münsters Oberbürgermeister Markus Lewe voll des Lobes für die Tatort-Verfilmungen ist und am Rande der Dreharbeiten zu „Gott ist auch nur ein Mensch" im Juli 2017 von einem „Glücksfall" für die Stadt sprach: „Der Tatort hat die Bekanntheit im deutschsprachigen Raum enorm erhöht. Viele haben Münster so zum ersten Mal wahrgenommen. Und für nicht wenige ist das ein Anlass, die Stadt zu besuchen."

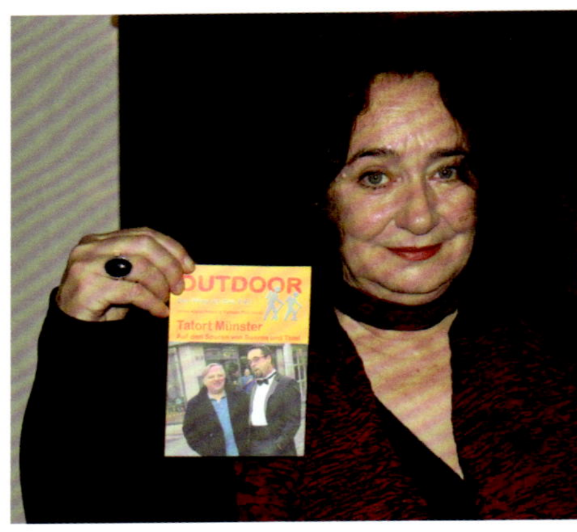

Mechthild Großmann mit der 1. Auflage dieses Buches bei der Tatort-Premiere am 29.10.2015 © ktr

In dem vorliegenden Buch finden Tatort-Liebhaber nicht nur allerlei Wissenswertes zu den bisherigen Münsteraner Tatort-Folgen, sondern auch spannende Fakten über deren Darsteller, die Rollen, die diese verkörpern, und die Drehorte. Dabei wird auch ein Blick hinter die Kulissen der Fernsehmacher vor Ort geworfen. Zu erfahren ist, welche Szenen wo in Münster gefilmt wurden, aber auch viele Hintergründe zu den einzelnen Folgen werden aufgearbeitet.

Natürlich fehlt auch ein Blick auf das, was Münster sonst so zu bieten hat, nicht. So erweist sich das Buch als eine Mischung aus Tatort- und Stadtführer für Münster mit einer Vielzahl an praktischen Informationen für eine (Kurz-)Reise nach und durch Münster.

Reise-Infos von A bis Z

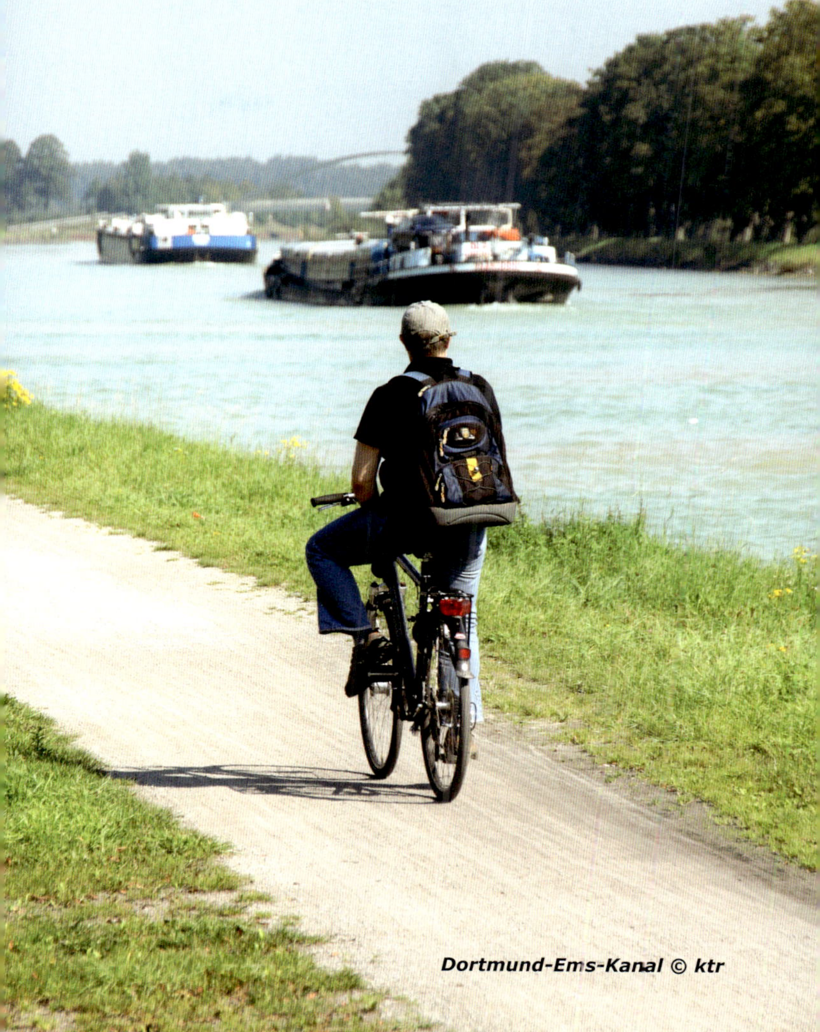

Dortmund-Ems-Kanal © ktr

Allgemeine Informationen

- Münster Marketing, Klemensstraße 10, 48143 Münster, ☏ 02 51/492 27 26, FAX 02 51/492 77 59, tourismus@stadt-muenster.de, www.tourismus.muenster.de
- Münster Information, Heinrich-Brüning-Straße 9, 48143 Münster, ☏ 02 51/492 27 10, FAX 02 51/492 77 43, info@stadt-muenster.de, www.stadt-muenster.de, Mo-Fr 10:00-18:00, Sa 10:00-13:00
- Information im historischen Rathaus, Prinzipalmarkt, 48143 Münster, ☏ 02 51/492 27 24, friedenssaal@stadt-muenster.de, Di-Fr 10:00-17:00, Sa, So, feiertags 10:00-16:00

Anreise

Mit dem Auto ist Münster über die Autobahnen A1 und A43 zu erreichen. Wichtiger Hinweis: Die Innenstadt von Münster ist Umweltschutzzone. Seit dem 1. Januar 2015 dürfen nur noch Fahrzeuge mit grüner Umweltplakette in die münstersche Innenstadt fahren.

Münster ist an das ICE-Netz der Deutschen Bahn AG (www.bahn.de) angeschlossen. Daneben bestehen zahlreiche Regionalverbindungen, vor allem ins Ruhrgebiet und ins Münsterland.

In und um Münster gibt es ein gut ausgebautes Busnetz, das vom Regionalverkehr Münsterland (RVM) betrieben wird. Informationen zu Fahrplänen, Verbindungen und Fahrpreisen gibt es unter ☏ 054 51/94 28 28 sowie im Internet unter www.rvm-online.de.

Bequem und günstig lässt sich Münster auch mit dem Bus erreichen. Haltepunkt für die Fernbusse ist an der Ecke Hafenstraße und Frie-Vendt-Straße. Eine Übersicht über Fernbusverbindungen, Preise und Abfahrtszeiten von und nach Münster kann online unter anderem unter www.fernbus24.de, www.fahrtenfuchs.de und www.busliniensuche.de abgerufen werden.

Auch aus der Luft ist Münster aus dem In- und Ausland zu erreichen. Der Flughafen Münster Osnabrück (Airportallee 1, 48268 Greven, ☏ 025 71/94 33 60, www.fmo.de) liegt rund 20 km nördlich der Münsteraner Innenstadt in Greven.

Als ausgesprochene Fahrradstadt ist Münster auch an zahlreiche überregionale Radfernwege direkt oder indirekt angeschlossen. Dazu gehören unter anderem der Europaradweg R1 von Calais bis St. Petersburg (www.euroroute-r1.de), die 100-Schlösser-Route (www.muensterland-tourismus.de/5116/100-schloesser-route-radtour), die Friedensroute (www.friedensroute.de) und der Ems-Radweg (www.emsradweg.de).

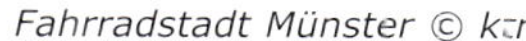

Fahrradstadt Münster © kar

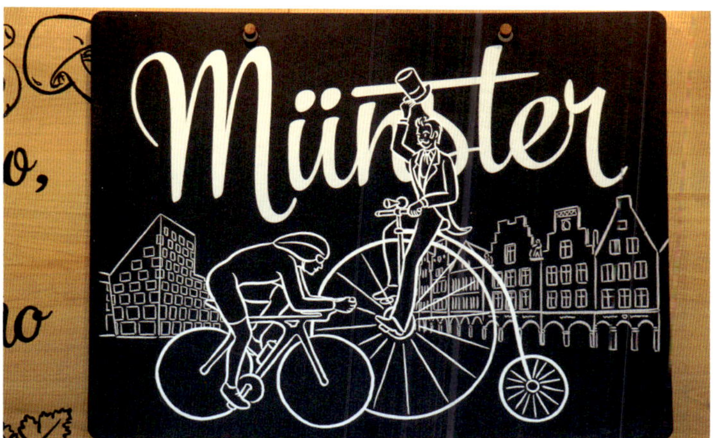

Essen und Trinken

- Vapiano, Königsstraße 53, 48143 Münster, 02 51/162 51 93, www.vapianointernational.com, tgl. 10:00-1:00. Pizza und Pasta, tolle sonnige oder schattige Sitzplätze draußen, weitläufiges Restaurant innen.
- Gasthaus Stuhlmacher, Prinzipalmarkt 6, 48143 Münster, 02 51/448 77, www.gasthaus-stuhlmacher.de, Mo-Do 10:00-23:30, Fr 10:30-00:30, Sa 10:00-00:30, So 11:00-23:00. Urig, direkt am belebten Prinzipalmarkt.
- Marktcafé, Domplatz 6-7, 48143 Münster, 02 51/484 23 00, www.marktcafe-ms.de, Mo-Fr 9:00-1:00, Sa 8:00-1:00, So 10:00-21:00. Beliebtes Café mit Blick auf den Dom. Zu den Spezialitäten gehören Flammkuchen und kleine Speisen.

- ✕ Altes Gasthaus Leve, Alter Steinweg 37, 48143 Münster, ☏ 02 51/45 59, 💻 www.gasthaus-leve.de, Mo-Sa 12:00-24:00. Münsters ältestes Gasthaus aus dem Jahre 1607. Auf der Speisekarte finden Sie typisch westfälische und saisonale Speisen.
- ♦ Brust oder Keule, Melchersstraße 32, 48149 Münster, ☏ 02 51/917 96 56, 💻 www.brustoderkeule.de, Di-Sa ab 18:30. Kleine tagesaktuelle Karte mit Fisch, Fleisch und Vegetarischem.
- ♦ Pinkus Müller, Kreuzstraße 4-10, 48143 Münster, ☏ 02 51/451 51, 💻 www.pinkus.de, Mo-Sa 12:00-24:00. Beliebte Kultkneipe mit eigener Brauerei.

Westfälische Küche

Die westfälische Küche gilt als deftig. Zu den regionalen Genüssen gehören kräftige Eintopfgerichte mit regionalen Gemüsesorten wie Stielmus und verschiedenen Kohlarten, aber auch dicke Bohnen mit Speck, Münsterländer Töttchen und Pfefferpotthast.

Töttchen sind eine Art Fleischragout, das scharf und süßsauer abgeschmeckt wird, während sich hinter Pfefferpotthast in Schmalz angebratenes, mit Zwiebeln, Lorbeerblättern und Nelken gekochtes und anschließend mit reichlich Pfeffer, manchmal auch mit Kapern und Zitronensaft abgeschmecktes Rindfleisch verbirgt.

Eher einfach, dennoch schmackhaft ist Pumpernickel, ein regionales Schwarzbrot, mit Mettwurst und Bier. Gern serviert werden auch Mahlzeiten mit westfälischem Rohschinken. Seinen besonderen Geschmack erhält der luftgetrocknete oder kalt geräucherte Schinken durch die traditionelle Eichelmast und den Röhrenknochen, der während der Herstellung im Schinken verbleibt.

Neben lokalen Bieren – wie etwa im Pinkus (☞ oben) – hilft auch der Münsterländer Korn, das Essen perfekt abzurunden.

GPS-Tracks

Sie können die GPS-Tracks zu den beschriebenen Touren von der Verlagswebseite 💻 www.conrad-stein-verlag.de herunterladen.

Klima

„Entweder es regnet oder es läuten die Glocken. Und wenn beides zusammenfällt, dann ist Sonntag“, heißt es augenzwinkernd mit dem Blick auf das Wetter in

Münster. Gleichwohl muss sich die Westfalenmetropole im bundesweiten Vergleich nicht verstecken. Mit 764 Millilitern Niederschlag pro Jahr liegt Münster im Durchschnitt. Allerdings werden an der Aa bis zu 190 Tage im Jahr mit Niederschlägen registriert – wobei das Gros eher unter die Kategorie „kurze Schauer" fällt. Die Jahresdurchschnittstemperatur liegt bei 9,8 Grad Celsius. Extrem heiße Tage sind hier ebenso so selten wie große Schneefälle.

Krimiführungen

Jeweils samstags und sonntags starten um 15:00 und von Mai bis Oktober zusätzlich samstags auch um 11.00 am Rathausinnenhof direkt am Prinzipalmarkt/Platz des Westfälischen Friedens (Chillida-Skulptur) 90-minütige Krimiführungen auf den Spuren der Tatort- und Wilsberg-Verfilmungen. Die Teilnahmegebühr beträgt € 9 (ermäßigt € 8).

ℹ Stadt Lupe Münster, ☞ Stadtführungen

K3 bietet eine eigene „Tatort Münster Krimitour" in einer Art Schnitzeljagd an. Dabei müssen die Teilnehmer anhand von Spuren versuchen, den vermeintlich verschwundenen Boerne aufzufinden. Ausgangsort ist der Innenhof des Rathauses. Die Touren finden ganzjährig samstags um 11:00 und 14:00 statt; zusätzliche Touren gibt es von März bis Dezember sonntags um 11:00 und 14:00, im März und Oktober freitags und samstags um 16:00 und von April bis September freitags und samstags um 18:00. Die Teilnahmegebühr beträgt € 14, für Kinder bis 14 Jahren € 12.

ℹ K3 Stadtführungen, Alter Steinweg 31, 48143 Münster, ☏ 02 51/143 25 16, 💻 www.stadtfuehrungen-in-muenster.de

Stadtführungen

ℹ Stadt Lupe Münster e. V., Heinrich-Brüning-Straße 9, 48143 Münster, ☏ 02 51/492 27 70, 💻 www.stadt-lupe.de

Stadtrundfahrten

Ideal, um sich einen ersten Überblick über Münster und die wichtigsten Sehenswürdigkeiten zu verschaffen, ist eine Fahrt mit dem Münsterbus. Der offene Doppeldeckerbus verbindet fahrplanmäßig im 60-Minuten-Takt zwölf Haltepunkte miteinander. Das Tagesticket (ab € 9,50) ermöglicht das beliebig häufige Ein- und Aussteigen an den Haltepunkten. Erhältlich sind die Fahrkarten unter anderem bei der Münster Information im Stadthaus 1 (Heinrich-Brüning-Straße 9) und in der Bürgerhalle im historischen Rathaus (Prinzipalmarkt).

TCT GmbH, Domplatz 6-7, 48143 Münster, ☏ 08 00/182 88 28 (kostenfrei), www.muensterbus.ms

Übernachten

Hotels

- Kaiserhof, Bahnhofstraße 14, 48143 Münster, ☏ 02 51/417 86 23, reservierung@kaiserhof-muenster.de, www.kaiserhof-muenster.de, Doppelzimmer ab € 80 pro Nacht
- Mövenpick Hotel Münster, Kardinal-von-Galen-Ring 65, 48149 Münster, ☏ 02 51/890 20, FAX 02 51/890 26 16, hotel.muenster@moevenpick.com, www.moevenpick-hotels.com/muenster, Doppelzimmer für Frühbucher ab € 78 pro Nacht. Sehr gut geführt, unweit des Aasees gelegen.
- Factory Hotel, An der Germania Brauerei 5, 48159 Münster, ☏ 02 51/418 80, FAX 02 51/418 89 77, mail@factoryhotel.de, www.factoryhotel-muenster.de, Doppelzimmer ab € 95 pro Nacht. Ziemlich stylisch, ziemlich cool, in denkmalgeschützten Mauern der ehemaligen Germania Brauerei errichtet.
- Hotel Schloss Wilkinghege, Steinfurter Straße 374, 48159 Münster, ☏ 02 51/14 42 70, FAX 02 51/21 28 98, info@schloss-wilkinghege.de, www.wilkinghege.de, Doppelzimmer ab € 110 pro Nacht
- Mauritzhof, Eisenbahnstraße 17, 48143 Münster, ☏ 02 51/417 20, info@mauritzhof.de, www.mauritzhof.de, Doppelzimmer ab € 159 pro Nacht. Mit Leihrädern und netter Terrasse samt Strandkörben.
- Stadthotel Münster, Aegidiistr. 21, 48143 Münster, ☏ 02 51/481 20, FAX 02 51/481 21 23, service@stadthotel-muenster.de, www.stadthotel-muenster.de, Doppelzimmer ab € 89 pro Nacht. Modern, gepflegt, zentral gelegen.
- Ibis Hotel Münster, Engelstraße 53, 48143 Münster, ☏ 02 51/481 30, FAX 02 51/481 33 33, h2206@accor.com, www.ibishotel.com, Doppelzimmer ab € 65 pro Nacht

Jugendherberge & Hostels

- JugendGästehaus Aasee, Bismarckallee 31, 48151 Münster, ☏ 02 51/53 02 80, FAX 02 51/530 28 50, jgh-muenster@djh-wl.de, www.djh-wl.de/muenster,

Übernachtung mit Frühstück im Vierbettzimmer ab € 32,40, im Zweibettzimmer ab € 37

Sleep Station, Wolbecker Straße 1, 48155 Münster, ☏ 02 51/482 81 55, www.sleep-station.de, ab € 17 pro Nacht im Achtbettzimmer, € 20 im Vierbettzimmer, € 25 im Zweibettzimmer und € 35 im Einzelzimmer

♦ Nordstern Hostel, Hoyastraße 3, 48163 Münster, ☏ 02 51/399 73 15, FAX 02 51/399 73 15, info@nordstern-hostel.de, www.nordstern-hostel.de, Doppelzimmer mit Bad € 29, ohne Bad € 19,80, Einzelzimmer € 29

Camping

Campingplatz Münster, Laerer Werseufer 7, 48157 Münster, ☏ 02 51/31 19 82, mail@campingplatz-muenster.de, www.campingplatz-muenster.de. Ein Zelt ohne Auto, nach Größe gestaffelt, kostet pro Nacht zwischen € 7 und 12. Hinzu kommen € 7,50 pro Person, ermäßigt € 6.

Auf dem Parkplatz Schlossplatz Nord direkt vor dem Münsteraner Schloss nahe der Innenstadt dürfen Sie auch mit dem Wohnmobil parken. Übernachten im Wohnmobil wird geduldet, Serviceeinrichtungen sind aber nicht vorhanden.

Zimmervermittlung

Die Münster Information in der Heinrich-Brüning-Straße 9 bietet eine Zimmervermittlung, auch telefonisch unter ☏ 02 51/492 27 10. Zu erreichen ist der Service zudem per Fax unter FAX 02 51/492 77 43 sowie unter info@stadt-muenster.de.

Updates

Der Conrad Stein Verlag veröffentlicht Updates zu diesem Buch, die direkt von den Autoren oder von den Lesern dieses Buches stammen. Sie finden diese auf der Verlagshomepage www.conrad-stein-verlag.de. Der abgebildete QR-Code führt Sie direkt dorthin.

Der Kult-Tatort

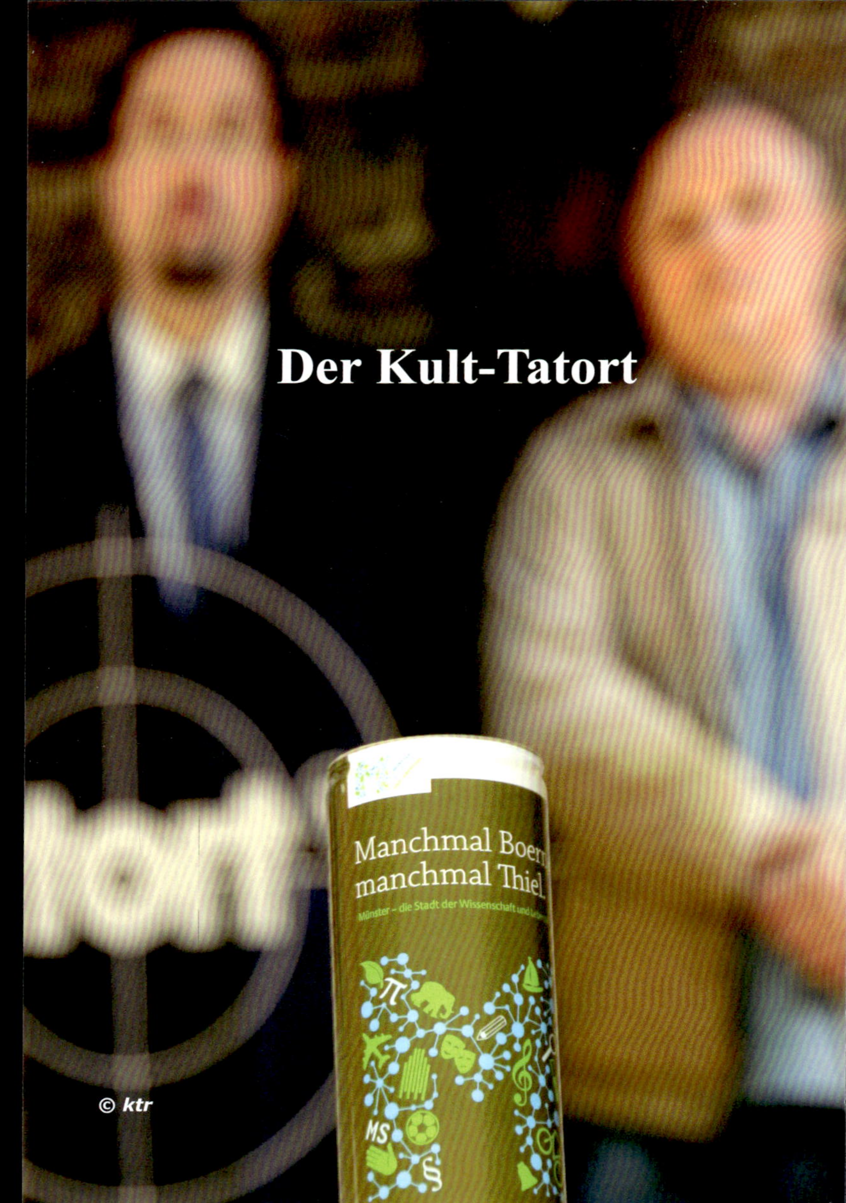

© ktr

Die Geschichten sind fiktiv, das Umfeld ist real. Nicht selten bilden die schönsten und markantesten Ecken von Münster die Kulisse für die fiktiven Kriminalfälle des Münsteraner Tatorts. Wichtigste Protagonisten sind seit der Premiere im Jahre 2002 Hauptkommissar Frank Thiel, dargestellt von Axel Prahl, und Rechtsmediziner Karl-Friedrich Boerne, dargestellt von Jan Josef Liefers.

Entwickelt wurden die beiden Figuren ebenso wie die anderen festen Rollen wie Staatsanwältin Klemm, „Vaddern" Thiel oder Silke „Alberich" Haller von den renommierten Drehbuchautoren Stefan Cantz und Jan Hinter. Für die ARD werden seit 2002 zweimal jährlich neue Münsteraner Folgen mit dem komödiantischen Ermittlerduo Thiel und Boerne gedreht – wobei drei verschiedene Produktionsfirmen die Herstellung übernehmen.

Und obwohl Stefan Cantz und Jan Hinter auch für viele Drehbücher verantwortlich zeichnen, stammt mehr als die Hälfte der Drehbücher aus der Feder anderer Autoren. Dies erklärt auch, dass Figuren hier und da von den „Ursprungsfiguren", wie sie Stefan Cantz und Jan Hinter angelegt haben, abweichen können. Andererseits ist dies wenig störend, da die Tatort-Folgen nicht aufeinander aufbauen und nicht als Fortsetzung früherer Tatort-Folgen, sondern als in sich geschlossene Fälle produziert werden.

Fakten zur Tatort-Reihe

Erfunden wurde das ARD-Tatort-Konzept Ende der 1960er-Jahre u. a. aufgrund der Tatsache, dass die Sendeanstalt dem ZDF-TV-Hit „Der Kommissar" und verschiedenen englischen und amerikanischen Formaten etwas aus dem eigenen Hause entgegensetzen wollte. Den Auftrag zur Entwicklung einer ARD-Krimireihe bekam der Redakteur Gunther Witte von seinem damaligen Vorgesetzten Günther Rohrbach während eines Waldspaziergangs im Stadtwald von Köln. Dem Tatort-Konzept hatte man zunächst nur eine Laufzeit von zwei Jahren zugedacht. Um die Kosten geringer zu halten, sollten sich von Beginn an die regionalen Fernsehanstalten der ARD beteiligen – woran sich bis heute nichts geändert hat.

Für die Dreharbeiten setzt man inzwischen aus Kostengründen nur noch zwischen 21 und 23 Drehtagen an. Wobei seit einer Einigung der ARD-Anstalten im Jahre 1995 jeder Tatort nur noch eine Länge von 88 Minuten und 30 Sekunden hat. Umgerechnet auf den Anteil der Rundfunk- und Fernsehgebühren, die in die Produktion fließen, zahlt jeder Deutsche rund 15 Cent monatlich für die Herstellung des sonntäglichen Tatort-Vergnügens.

Die erste Tatort-Folge „Taxi nach Leipzig" wurde übrigens am 29. November 1970 mit Walter Richter als Kommissar Trimmel ausgestrahlt. Und noch etwas

Interessantes: Der Tatort wird zwar im Volksmund gerne als „Serie" bezeichnet – ist de facto aber eine Fernseh-Reihe, da sich Ermittler und Spielorte abwechseln.

Bei allen Unterschieden zu anderen Tatort-Teams sind aber auch in Münster die Zutaten oft dieselben wie anderswo: Am Anfang steht das Verbrechen, die Kommissare stoßen zunächst auf ein oder zwei Verdächtige, die dann doch unschuldig sind, bevor der echte Übeltäter dingfest gemacht wird. Ein Wesensmerkmal der Münsteraner Tatort-Folgen ist neben dem für einen Krimi ungewöhnlichen Humor auch die Tatsache, dass die Filme in der permanenten Gegenwart spielen, es also keine Schwenks in die Vergangenheit oder Zukunft gibt.

Kein Wunder, dass selbst Axel Prahl das festgefahrene Strickmuster gerne mal durchbrechen würde: Er würde sich mal einen Fall wünschen, in dem kein Mord geschieht, sondern verhindert wird. Was wiederum für den Erfolg der Serie Selbstmord sein könnte. Zumal das jetzige Konzept nicht nur in Münster aufzugehen scheint. Die sonntäglichen Einschaltquoten und die Debatten in sozialen Netzwerken sind wohl der beste Beleg.

Nicht nur die Mischung aus Spannung und Humor macht den Münsteraner Tatort im wahrsten Sinne des Wortes zu einem ausgezeichneten Stück Fernsehunterhaltung. So wurde „Der dunkle Fleck" (☞ Seite 33), der erste Fall des Münster-Ermittlerteams, und 2012 sogar das gesamte „Stammermittlerteam" aus Münster mit Jan Josef Liefers, Axel Prahl, ChrisTine Urspruch, Mechthild Großmann, Friederike Kempter und Claus Dieter Clausnitzer „für langjährige herausragende Leistung in der humoristischen Fernsehunterhaltung" in der Kategorie „Unterhaltung/Spezial" für den **Adolf-Grimme-Preis** nominiert. Im Jahre 2011 gewannen Axel Prahl und Jan Josef Liefers die **Goldene Kamera** als „bestes Krimi-Team" und 2013 erhielt der Tatort aus Münster den **Medienpreis Bobby** der Bundesvereinigung Lebenshilfe für den humorvollen Umgang mit dem Thema „Anderssein". Speziell die pointierten Wortwechsel zwischen den Darstellern ChrisTine Urspruch und Jan Josef Liefers würden, so die Begründung der Jury, wesentlich zum Erfolg der Fernsehreihe beitragen.

Wie hoch die Wertschätzung für den Münsteraner Tatort auch innerhalb des Westdeutschen Rundfunks ist, machte Tom Buhrow bei der Premiere von „Der Hammer" (☞ Seite 62) im März 2014 deutlich: „Der Münster-Tatort ist eine Marke", adelte der WDR-Intendant die Reihe und sprach damit sicher nicht nur Fernsehmachern, sondern auch dem Münsteraner Stadtmarketing aus der Seele. Denn ohne Frage trägt die Reihe dazu bei, steigende Zahlen von Besuchern in Münster begrüßen zu können.

Die Figuren

Frank Thiel

Stahlblaue Augen, eine beige Allwetterjacke, liebenswerte Grummeligkeit und eine ruhige Ausstrahlung – das sind die Markenzeichen von Kriminalhauptkommissar Frank Thiel (gespielt von Axel Prahl). Aufgewachsen im Hamburger Arbeiterviertel St. Pauli, hat er lange in der Hansestadt als Kriminalist gearbeitet, bevor er sich in das beschaulichere Münster versetzen ließ.

Grund für den Umzug ins Münsterland war, dass Thiels Vater Herbert, genannt „Vaddern“, hier lebt und altert. Seine Exfrau hat Frank Thiel gemeinsam mit seinem Sohn Richtung Neuseeland verlassen.

In seinem Job als Leiter des Morddezernats der Polizeidirektion Münster geht er ganz und gar auf. Er arbeitet gewissenhaft und wendet teilweise unkonventionelle Methoden an, um einen Fall aufzuklären. Das Herz des typischen Norddeutschen, der lieber wenig Worte macht und Taten sprechen lässt, hängt nach wie vor an seiner Heimatstadt Hamburg. Das versteht man als Zuschauer spätestens, wenn man seinen „Nachtanzug“ (bestehend aus einem St.-Pauli-T-Shirt) sieht oder sein Handy zum ersten Mal klingelt und „Auf der Reeperbahn nachts um halb eins“ ertönt. Und wie grüßt ein echtes Nordlicht? Na klar, mit „Moinsen!“.

Von seinem stets sehr elegant gekleideten, eloquenten Counterpart Boerne unterscheidet er sich in vielerlei Hinsicht: leicht untersetzt, dem Fast Food zugeneigt, eher schweigsam als redselig und sachlich-bescheiden statt arrogant.

Karl-Friedrich Boerne

Als Spross eines westfälischen Adelsgeschlechts weist Professor Dr. Karl-Friedrich Boerne (gespielt von Jan Josef Liefers) nur allzu gern auf seine akademische Karriere hin. Einen Teil seines Studiums legte er an der renommierten Pariser Sorbonne ab und auch unter seinen Vorfahren fanden sich einige namhafte Mediziner.

Traditionsverhaftet, wie Boerne ist, ist er natürlich auch Mitglied in einer Verbindung, dem Corps Pomerania-Westfalia, und lässt keine Gelegenheit aus, seine fachliche Qualifikation und ausgeprägte Allgemeinbildung zu präsentieren. Bescheidenheit ist ihm dabei scheinbar unbekannt. Neben Reiten zählt auch Golfspielen zu seinen Hobbys.

Arrogant und von oben herab behält er meist das letzte Wort. Ob das der Grund ist, warum Boernes Frau seinerzeit mit ihrem Therapeuten durchgebrannt ist, bleibt ungeklärt. Schauspieler Liefers hat auch so seine Meinung von der Figur, die er spielt: „Boerne ist eine Nervensäge", bekannte er in einem Interview.

Mit Inbrunst und Hingabe leitet der Rechtsmediziner mit den kaiserlichen Vornamen die Abteilung der Rechtsmedizin am Universitätsklinikum Münster und steht seinem Ermittlerkollegen öfter tatkräftig zur Seite, als diesem lieb ist. Die Aufklärungsarbeit des Duos, das unterschiedlicher nicht sein könnte, ist so unkonventionell wie erfolgreich.

Da er gleichzeitig auch noch Vermieter und Nachbar von Thiel ist, treffen die beiden praktisch ständig aufeinander. Ihre Dialoge sind dabei von Humor und gegenseitigen Spitzen geprägt. Bei aller Unterschiedlichkeit: Als Ermittler bilden die beiden ein ungleiches, aber auch unschlagbares Paar.

Bernd Brinkmann – der „echte" Boerne

Angelehnt ist die Filmfigur des Professors Boerne an eine reale Person, an Bernd Brinkmann. Dieser fungierte als „echter" Professor mehr als ein Vierteljahrhundert als Leiter des Instituts für Rechtsmedizin der Universität Münster. Mit 68 Jahren wurde Bernd Brinkmann im Sommer 2007 in den Ruhestand verabschiedet, nachdem er sich zuvor als Rechtsmediziner einen exzellenten Ruf auf nationaler und internationaler Ebene erarbeitet hatte.

Der Forensiker ist u. a. zusammen mit Burkhard Madea Herausgeber des zweibändigen Lehrbuchs „Handbuch der gerichtlichen Medizin" und publizierte mehr als 550 wissenschaftliche Arbeiten über die Rechtsmedizin.

Bernd Brinkmann gelang es bereits Ende der 1980er-Jahre, Kleinstspuren von Erbmaterial wie Haarschuppen, Speicheltropfen oder Härchen so präzise auszuwerten, dass sich daraus ein eindeutig identifizierbarer genetischer Fingerabdruck ergab, der auch nach Jahren noch einem Täter genau zugeordnet werden kann. Diese DNA-Muster wurden (und werden) in der Datenbank des Bundeskriminalamtes gespeichert und konnten so erheblich dazu beitragen, eine Reihe von Straftaten und Tötungsdelikten aufzuklären – und dies teilweise nach Jahrzehnten.

Nicht von ungefähr war der profunde Sachverstand von Bernd Brinkmann bei nahezu allen spektakulären Kriminalfällen in Deutschland in den zurückliegenden mehr als zwei Jahrzehnten gefragt. So sagte er unter anderem als Sachverständiger im Prozess gegen Wettermoderator Jörg Kachelmann aus, dem vorgeworfen wurde, seine Geliebte mit einem Messer verletzt zu haben.

Im Jahre 2009 gründete Bernd Brinkmann das Institut für Forensische Genetik in Münster, das sich auf DNA-Analysen sowie forensische Molekulargenetik spezialisiert hat. Die Tatort-Folgen – auch die aus Münster – sieht sich Bernd

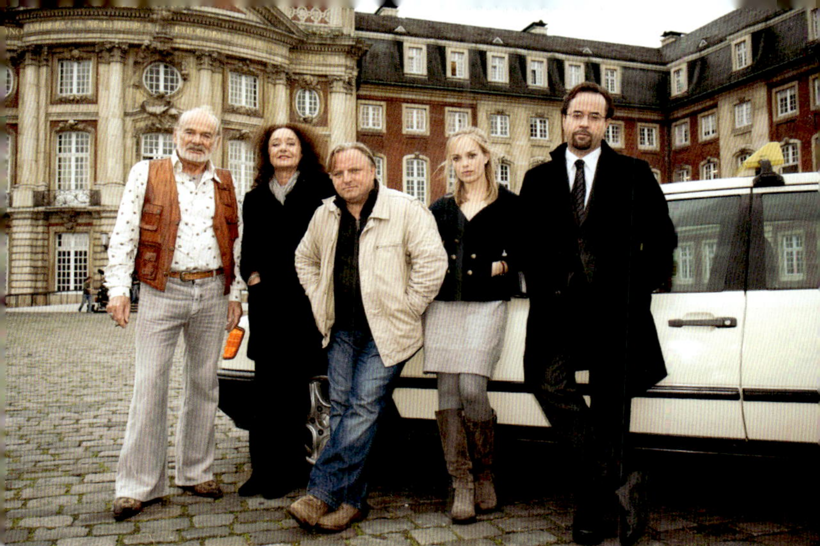

WDR-Tatort-Team © WDR

Brinkmann allerdings nur höchst selten an, was wohl auch daran liegen mag, dass er sich den Großteil seines Lebens mit echten Kriminalfällen auseinandersetzen musste.

Silke Haller

Einen herrlichen Gegenpol zum selbstverliebten Karl-Friedrich Boerne bildet Silke Haller, dargestellt von ChrisTine Urspruch. Als rechte Hand des Professors in der Pathologie besticht sie durch Entschlossenheit, großen Sachverstand und Kompetenz. Ob ihrer geringen Körpergröße wird sie von Boerne in Anlehnung an den Zwerg in Richard Wagners „Rheingold" konsequent als „Alberich" tituliert, gepaart mit zahlreichen humorigen Anspielungen und Kalauern mit Blick auf ihre Kleinwüchsigkeit.

Nadeshda Krusenstern

Freundlich, fleißig, offen, geduldig – so kennt man Nadeshda (gespielt von Friederike Kempter), die Assistentin von Kommissar Thiel. Die aus Russland stammende Nachfahrin des Entdeckungsreisenden Adam Johann von Krusenstern kam bereits als Kind nach Münster. Einen Akzent sucht man in ihrer Sprache vergeblich, sie spricht perfektes Deutsch.

Die hübsche Blondine begann ihre Karriere bei der Kriminalpolizei in der Abteilung der Drogenfahndung, bevor sie Kommissar Thiel als Assistentin zur Seite gestellt wurde.

Ihr Chef schätzt ihre Arbeit und vertraut ihr auch selbstständige Teilermittlungen an. Trotz ihrer beachtlichen Erfolge blieb die junge Frau mit den grünen Augen lange Zeit Daueranwärterin auf eine Beförderung, ehe sie im 27. Fall, „Erkläre Chimäre" (☞ Seite 64), endlich zur Kommissarin ernannt wurde. Vielleicht ließ dies so lange auf sich warten, weil Nadeshda doch so ziemlich die normalste von allen an den Ermittlungen beteiligten Personen zu sein scheint ...

Wilhelmine Klemm

Die Staatsanwältin, gespielt von der gebürtigen Münsteranerin Mechthild Großmann, hängt an der Zigarette. Der chronische Tabakgenuss scheint ihr hier und da die Sinne ein wenig zu vernebeln. Die mit rauer Stimme gesegnete Wilhelmine Klemm ignoriert nicht nur konsequent, das in allen öffentlichen Gebäuden in Nordrhein-Westfalen geltende Rauchverbot, sondern erweist sich bei den Recherchen von Kommissar Thiel oft eher als Bremse denn als Stütze.

Immer wieder ist sie auch mit Personen aus der Münsteraner Oberschicht und Geschäftswelt, die zum Kreis der Verdächtigen zählen oder etwas zur Aufklärung eines Mordes beitragen könnten, bestens bekannt, was bei der Aufklärung des einen oder anderen Falles durchaus zum Hindernis wird.

Herbert Thiel

Der krasse Gegensatz zum gesetzestreuen Kommissar Thiel ist dessen Vater Herbert Thiel, dargestellt von Claus Dieter Clausnitzer, der sehr zum Verdruss seines Sohnes immer wieder mit dem Gesetz in Konflikt kommt und öfter, als seinem Sohn lieb ist, indirekt in die Fälle verwickelt ist und auch schon mal eine Leiche findet.

Herbert Thiel ist Alt-68er, ein ewiger Hippie, der sich mehr schlecht als recht als Taxifahrer durchschlägt, chronisch pleite und durchaus dem Genuss und Verkauf von Marihuana zugetan ist.

Wann immer Frank Thiel die Dienste seines Vaters als Taxifahrer in Anspruch nehmen will, passiert etwas Unvorhergesehenes: Mal geht der Wagen kaputt, dann hat Vater Thiel zu kräftig an der Haschtüte gezogen oder das Taxi wird gestohlen und in die Tat verwickelt.

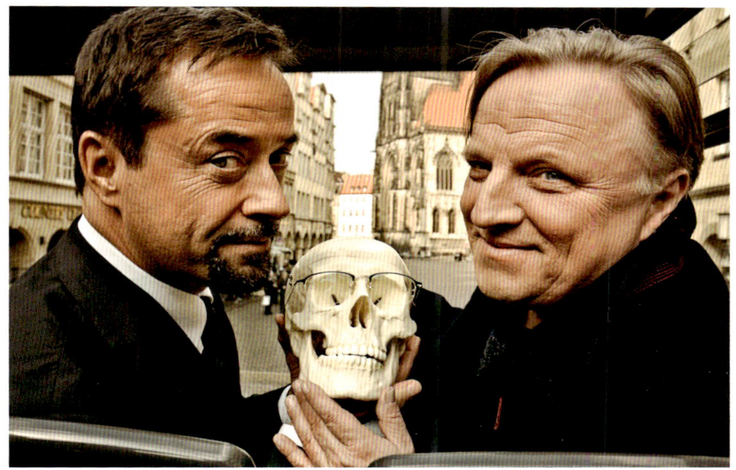

Die Hauptdarsteller © WDR

Die Hauptdarsteller

Axel Prahl

Dass Schauspieler Axel Prahl auch Musiker ist, wissen nicht viele Tatort-Zuschauer. Dabei ist er an Gitarre und Mikro mindestens so gut wie als Kommissar Thiel. Und dass er auch über Entertainer-Qualitäten verfügt, beweist Prahl bei seinen Konzerten durch humorvolle, charmante kleine Geschichten. So berichtet er nebenbei gerne, dass er eigentlich Gitarrespielen gelernt hat, um bei den Mädchen Eindruck zu schinden.

Das vermeintlich schwache Geschlecht war von seinen Konzerten am Lagerfeuer auch immer der Romantik erlegen, erzählt der Musiker zur Begrüßung seinem Publikum. Die Jungs hätten dann die Chance ergriffen und rumgeknutscht, nicht ohne vorher zu sagen: „Axel, spiel noch'n büschen!" Dabei sei es dann geblieben ...

Geboren am 26. März 1960 in Eutin wuchs Axel Prahl mit einem Bruder in Neustadt in Holstein als Sohn einer Verkäuferin und mit einem Stiefvater, der beim Arbeitsamt angestellt war, auf. Bereits im zarten Alter von 14 Jahren gewann er einen Musikwettbewerb. Hiermit qualifizierte er sich für einen Wettbewerb auf

Landesebene. Doch er machte kurzerhand einen Rückzieher – aus Sorge, der Erfolg könnte sein Leben verändern. Auch eine Ausbildung in einem Metallberuf zog er nicht bis zum Ende durch. Es folgte eine Zeit als Straßenmusiker in Spanien, bevor der nur 1,65 m große Schauspieler sein Fachabitur nachholte und ein Studium der Mathematik und Musik begann. Ab dem Jahr 1982 studierte Prahl dann Schauspiel in Kiel. Nach einem Engagement am Schleswig-Holsteinischen Landestheater spielte er am Renaissance-Theater, am Grips-Theater und an den Kammerspielen des Deutschen Theaters.

Axel Prahl © ukp

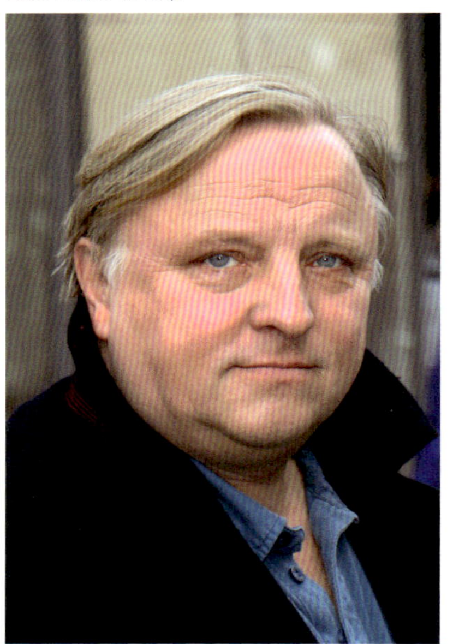

Das Musizieren ließ er zunächst noch parallel laufen und spielte in der Band „Ougenweide", bevor er die Band „Impuls" gründete. Manchmal gelingt es ihm heute noch, dass er seine beiden Talente in Filme einbringen kann. So zum Beispiel in dem Kinofilm „Du bist nicht allein" – hier steuerte Prahl auch den Titelsong bei.

Im Jahre 1992 gab das gebürtige Nordlicht in Max Färberböcks Film „Schlafende Hunde" sein Filmdebüt. Im gleichen Jahr lieh er Michael Chiklis als deutscher Synchronsprecher in einer Folge der Serie „Miami Vice" seine Stimme. In der Folge wurde Prahl immer wieder für die Rolle des Polizisten ausgewählt. Für die Darstellung eines solchen Gesetzesvertreters in dem Film „Die Polizistin" erhielt er im Jahre 2001 den Adolf-Grimme-Preis. Seit 2002 bildet der Schauspieler als Hauptkommissar Frank Thiel zusammen mit Jan Josef Liefers das Ermittlergespann in Münster im Tatort des WDR.

Auf seinem Wohnzimmerregal dürfte es angesichts der zahlreichen Auszeichnungen, die er inzwischen verliehen bekommen hat, richtig eng werden. Neben einem weiteren Adolf-Grimme-Preis für „Die Hoffnung stirbt zuletzt" und einem Bayerischen Filmpreis für „Halbe Treppe" wurde Axel Prahl u. a. auch mit der

Goldenen Kamera für seine Rolle als Kommissar Thiel sowie mit dem Preis der deutschen Filmkritik für „Willenbrock" ausgezeichnet. Der Schauspieler lebt in Berlin, hat drei Töchter und einen Sohn und ist von seiner zweiten Ehefrau geschieden.

Jan Josef Liefers

Der Apfel fällt nicht weit vom Stamm. So auch in der Familie Liefers. Am 8. August 1964 wurde Jan Josef Liefers in eine Theaterfamilie geboren. Der Schauspieler, Musiker, Regisseur und Produzent erblickte in Dresden als Sohn des Regisseurs Karlheinz Liefers und der Schauspielerin Brigitte Liefers-Wähner das Licht der Welt. Auch sein Großvater Heinz Liefers war bereits Schauspieler. Jan Josef sollte das Handwerk wohl von der Pike auf lernen, denn zunächst absolvierte er eine Tischlerlehre am Staatstheater Dresden. Es folgte in den Jahren 1983 bis 1987 ein Studium der Schauspielkunst an der Berliner Hochschule „Ernst Busch".

Von der Schauspielschule aus ging es für den jungen Liefers an das Deutsche Theater Berlin, wo er von 1987 bis 1990 ein Engagement hatte und mit Regisseuren wie Heiner Müller und Thomas Langhoff arbeitete.

Nach dem Mauerfall zog der Schauspieler in den Westen und erhielt am Hamburger Thalia Theater bereits 1990 ein festes Engagement. Als die Nachfrage nach ihm als Filmschauspieler stieg, kündigte er diese Stelle im Jahre 1994 und war von nun an freischaffend tätig.

Die Kinoleinwand eroberte Liefers mit seinem Debüt „Die Besteigung des Chimborazo", in dem er den jungen Alexander von Humboldt darstellte. Es folgten kleinere Film- und Fernsehrollen, bevor Liefers im Jahre 1996 in „Rossini – oder die mörderische Frage, wer mit wem schlief" seinen Durchbruch erlebte. Neben einem begeisterten Kinopublikum feierte ihn auch die Jury des Bayerischen Filmpreises als erfolgreichen Nachwuchsschauspieler.

Drei Millionen Zuschauer sahen dann den 1997 erschienenen deutschen Kinofilm „Knockin' on Heaven's Door". Ganze 12,7 Millionen Menschen sitzen inzwischen im Durchschnitt vor den Bildschirmen, wenn Jan Josef Liefers als Professor Karl-Friedrich Boerne an der Seite von Axel Prahl im Münsteraner Tatort ermittelt.

Weitere Erfolge feierte er als Peter Homann in dem oscarnominierten Spielfilm „Der Baader Meinhof Komplex" sowie als Richard Hoffmann in der Romanverfilmung „Der Turm". Es folgten viele weitere Filme und Preise. So erhielt Liefers u. a. den Bambi sowie den Adolf-Grimme-Preis für „Das Wunder von Lengerde"

(2003/2004), die Goldene Kamera in der Kategorie Leserwahl „Das beste Krimi-Team" als Ensemblemitglied des Tatort-Teams Münster (2011) und weitere mehr.

Neben der Schauspielerei hat sich Liefers inzwischen auch als Musiker einen Namen gemacht und verfasst Drehbücher. Daneben findet er noch Zeit, als Filmregisseur zu arbeiten, und ist Inhaber einer Film- und Fernsehproduktionsfirma.

Jan Josef Liefers © ukp

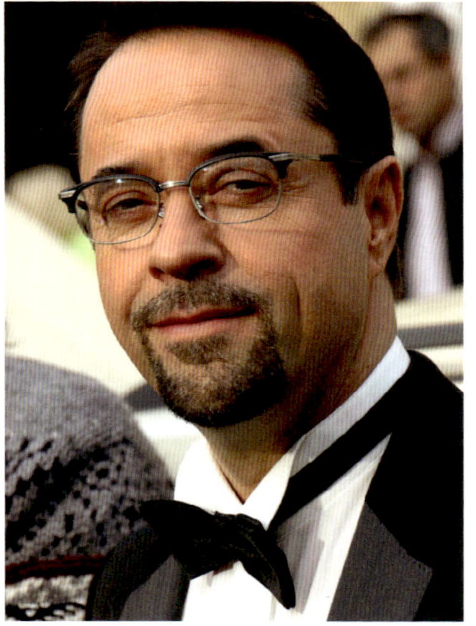

Bei den Auftritten als Musiker berichtet er unter dem Titel „Soundtrack meiner Kindheit" über seine Kindheit in der DDR und präsentiert Lieder ostdeutscher Bands wie der Puhdys, die ihn geprägt und begleitet haben. Seine im Jahre 2009 veröffentlichte Biografie trägt ebenfalls den Titel „Soundtrack meiner Kindheit".

Ein Stück Geschichte schrieb Liefers am 4. November 1989 auf dem Berliner Alexanderplatz, als er vor Hunderttausenden von Menschen bei der größten Demonstration der DDR eine Rede hielt, in der er mehr Demokratie forderte.

Für sein soziales Engagement, u. a. für das Kinderhospiz Sonnenhof Berlin, bei der Aktion „Deine Stimme gegen Armut" und bei der entwicklungspolitischen Organisation ONE, wurde der Berliner Schauspieler im Dezember 2011 mit dem Verdienstorden der Bundesrepublik Deutschland ausgezeichnet.

Seine erste Ehe schloss Jan Josef Liefers mit der russischen Schauspielerin Alexandra Tabakowa. Mit der Tochter eines Moskauer Regisseurs und Schauspielers bekam Liefers eine Tochter. Ein Sohn ging aus der Beziehung zu seiner Ex-Lebensgefährtin Ann Kathrin Kramer hervor. Heute lebt er mit seiner Ehefrau Anna Loos und den beiden Töchtern aus dieser Ehe in Berlin-Steglitz. Loos ist ebenfalls als Schauspielerin und Musikerin aktiv, die beiden heirateten im Jahre 2004.

Die Nebendarsteller

ChrisTine Urspruch

Klein, aber oho! So lässt sich die Schauspielerin ChrisTine Urspruch kurz und knapp beschreiben. Ihren Vornamen schreibt die kleinwüchsige Darstellerin übrigens selbst mit großem T. Einfach um des spielerischeren Umgangs zwischen Klein und Groß willen.

Bereits im Alter von neun Jahren erfuhr Urspruch, dass sie nicht mehr viel größer werden würde, weil sich ihre Wachstumsfugen in den Gelenken geschlossen hatten. Mit der Kleinwüchsigkeit hat sie aber heute kein Problem, eher mit Menschen, die mitleidig auf sie herunterschauen. Ein lockerer Umgang und ein kesser Witz wie „Männer gehen gern vor mir in die Knie“ ist ihr viel lieber, gab sie in einem Interview mit der „Bild“ zu.

ChrisTine Urspruch © WDR

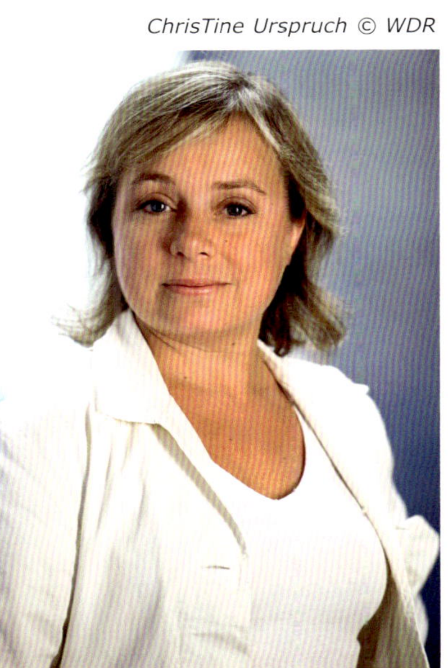

Die 1,32 m große Schauspielerin wurde am 16. September 1970 in Remscheid geboren, wo sie auch die Schule besuchte. Direkt nach dem Abitur wurde sie Mitglied von „Brot und Spiele“, einer Theatertruppe. Hieraus ergab sich ihr erstes Engagement am Theater in Bonn. Es folgten Stationen an der Volksbühne Berlin, dem Tanztheater in Basel, dem Landestheater in Bregenz und andere mehr.

Bekanntheit als Filmschauspielerin erlangte die Blondine durch die Rolle des „Sams“, seit dem Jahre 2002 gehört sie als Rechtsmedizinerin Silke Haller fest zum Team von Boerne & Thiel. Als Kinderärztin Dr. Klein spielt sie zudem seit dem Jahre 2014 eine Hauptrolle in der gleichnamigen ZDF-Serie.

ChrisTine Urspruch lebt in Wangen im Allgäu. Von 2000 bis 2004 war sie mit dem Schauspieler und Autoren Frank Dukowski verheiratet. 2007 gab sie dem

Theaterregisseur Tobias Materna, von dem sie inzwischen wieder getrennt lebt, das Jawort. ChrisTine Urspruch hat eine Tochter, Lilo.

Friederike Kempter

In ihrer Freizeit tanzt sie Tango und ficht. Sie spricht fließend Englisch, Französisch und Schwäbisch. Im Tatort scheint die 1,61 m große Blondine hingegen neben ihrem Job bei der Mordkommission keine Freizeit zu haben und spricht Russisch. Das Schauspielhandwerk lernte die in Stuttgart geborene Mimin an der Fritz-Kirchhoff-Schule in Berlin.

Friederike Kempter © WDR

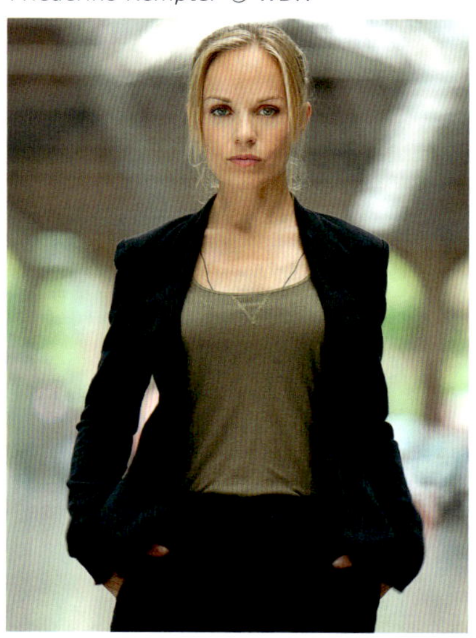

Am 23. August 1979 geboren, gehört die Schauspielerin in der Szene bereits schon früh zu den großen Nachwuchstalenten. Neben ihrer Rolle als Kommissaranwärterin Nadeshda Krusenstern im Münsteraner Tatort brillierte die junge Frau im Jahre 2000 in dem Film „Zwei vom Blitz getroffen" neben Mariele Millowitsch. Ihr humoristisches Talent zeigte Kempter regelmäßig in der Comedyserie „Ladykracher", in der sie zwischen 2008 und 2012 mitwirkte. Ebenfalls eine Polizistin stellte sie in der ARD-Vorabendserie „Heiter bis tödlich: Hauptstadtrevier" dar – und zwar eine „Elitepolizistin".

Dass sie aber auch Ernst machen kann, bewies sie in dem Film „Oh Boy". In dieser Tragikomödie spielte sie eine neurotische Tänzerin und wurde für die Rolle für den Deutschen Filmpreis nominiert. Weitere Auszeichnungen, auf die Friederike Kempter bereits zurückblicken kann, sind der Grimme-Preis sowie der Deutsche Comedypreis.

Mechthild Großmann

Was für eine Stimme! Rau und kehlig, verraucht und verheißungsvoll. Das Sprechorgan ist wohl das eindeutigste Markenzeichen von Mechthild Großmann.

Kein Wunder, dass die Schauspielerin auch in Sachen Hörbuchproduktion sehr gefragt ist. Als Kind und Jugendliche war die tiefe Stimme für sie selbst ein Makel, ein Fehler der Natur, wie sie in einem Interview erzählte, auf der Bühne macht sie sie unverwechselbar.

Mechthild Großmann © WDR

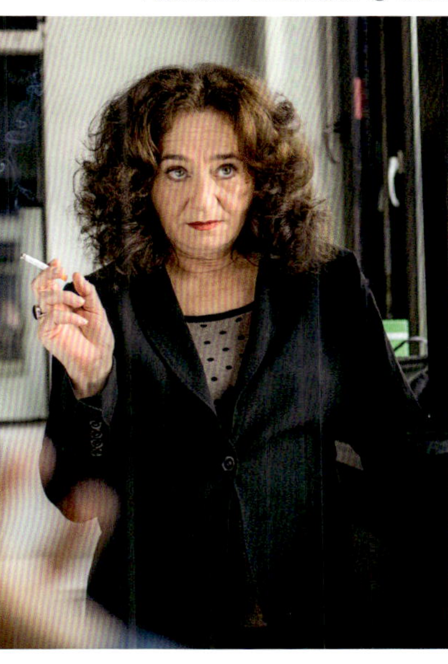

Neben ihrer Schauspieltätigkeit an verschiedenen Theatern und am Set zahlreicher Filmproduktionen ist die am 23. Dezember 1948 geborene Schauspielerin auch als Mitglied von Tanzensembles unterwegs. Dank einer Tanzausbildung ist Großmann bereits seit dem Jahre 1976 Mitglied des weltberühmten Tanztheaters Pina Bausch. Hier ist sie jedoch als Schauspielerin, nicht als Tänzerin im Einsatz.

Die Schauspielausbildung führte sie nach Hamburg, ein erstes Engagement an das Bremer Theater am Goetheplatz. Nach Stationen am Staatstheater Stuttgart und am Schauspielhaus Bochum lebt sie heute mit Partner Stephan Meyer und Tochter in Hamburg. Großmanns „bessere Hälfte" arbeitet als Regisseur und produzierte u. a. mit Großmann die 2004 abgedrehte Tatort-Folge „Mörderspiele".

Die Filmografie der Künstlerin enthält einige beeindruckende Titel. So spielte die 1,71 m große Schauspielerin mit den grünen Augen 1979 in „Berlin, Alexanderplatz" unter der Regie von Rainer W. Fassbinder und im Jahre 2001 in „Nirgendwo in Afrika" unter der Regie von Caroline Link mit.

Aufgewachsen ist Großmann übrigens mit ihren drei älteren Brüdern im Münsteraner Kreuzviertel, das Abi legte sie an der ebenfalls zentral gelegenen Marienschule in Münster ab. Für sie sind die Tatort-Folgen, in denen sie seit dem Jahre 2002 die Staatsanwältin Wilhelmine Klemm spielt, also praktisch ein Heimspiel.

Claus Dieter Clausnitzer

Im Tatort kommt er als „Vaddern" mit seinem langen grauen Pferdeschwanz und den an den Knien ausgebeulten Cordhosen als ewiger Hippie recht schludrig daher. Seine Arbeit als Schauspieler nimmt der gebürtige Saarbrücker hingegen ganz genau. Nicht zuletzt dieser Tatsache verdankte er wohl die langjährige Zusammenarbeit mit dem für seine Korrektheit bekannten Vicco von Bülow (Loriot). Im Fernsehspot „Der Lottogewinner" mimte Clausnitzer den genervten Regisseur, der die Aufgabe hatte, die Geschichte des stammelnden Lottogewinners auf Filmrolle zu bannen.

Claus Dieter Clausnitzer © ukp

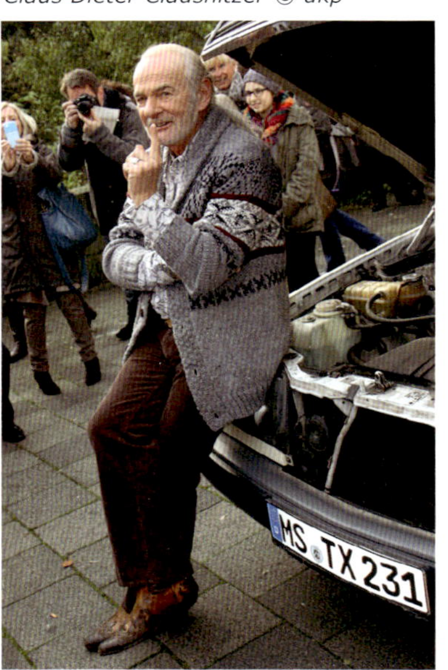

Geboren am 15. Januar 1939 besuchte der Schauspieler Claus Dieter Clausnitzer die Neue Münchner Schauspielschule. Nach dem erfolgreich abgeschlossenen Studium kam er dank zahlreicher Engagements richtig rum: Er spielte am Residenztheater München, im schweizerischen St. Gallen, am Deutschen Theater in Göttingen, am Schauspielhaus in Bochum sowie am Theater in Bremen und hatte u. a. Auftritte bei den Sommerspielen Innsbruck und den Ruhrfestspielen Recklinghausen.

Dem Theater Dortmund blieb Clausnitzer ganze 33 Jahre lang treu (von 1976 bis 2010). Als „Vaddern Thiel" gehört er seit 2002 zum Münsteraner Tatort. Daneben leitete der Charakterdarsteller für zwei Jahre die Studiobühne der Neuen Münchner Schauspielschule. Auch im TV war der hochgewachsene Schauspieler regelmäßig zu sehen. So in dem im Jahre 2003 gedrehten Film „Das Wunder von Lengede", dem 2007 abgedrehten Contergan-Film und 2008 in der SOKO-Köln-Sendung „Wer ermordete Bubi Waldner".

Der NRW-Schauspielerpreis wurde Clausnitzer im Jahre 1990 verliehen, für den Grimme-Preis in der Kategorie Unterhaltung/Spezial war er 2012 nominiert.

Münsteraner Tatort-Folgen

Der 20. Oktober 2002 ist der Tag, an dem Axel Prahl und Jan Josef Liefers in ihren Rollen als Hauptkommissar Thiel und Professor Boerne als ungleiches Ermittlerduo an den Fernsehbildschirmen die Arbeit aufnahmen. Seither erscheinen zweimal jährlich neue Tatort-Krimis aus Münster.

Der dunkle Fleck

Die insgesamt 511. Folge der Fernsehreihe Tatort markiert zugleich den Auftakt des Münsteraner Tatorts. Mit 8,82 Millionen Zuschauern bei der Erstausstrahlung und einem Marktanteil von 24,9 % avancierte er zugleich zum Quotenhit. Ein gefeierter Premierenfilm, der im Jahre 2003 sogar für den renommierten **Adolf-Grimme-Preis** nominiert wurde.

Tatort-Szene aus „Der dunkle Fleck" © WDR

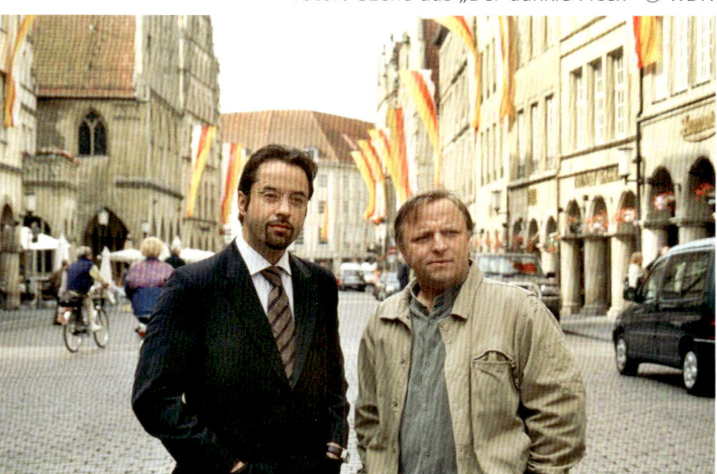

Zur Handlung: Erzählt wird die Geschichte der ersten Arbeitstage des Hauptkommissars Frank Thiel in Münster. Nachdem er sich aus familiären Gründen von Hamburg aus nach Westfalen hat versetzen lassen, stolpert Thiel unfreiwillig in seinen ersten Fall, als er seine neue Wohnung in Münster beziehen will. Er „erwischt" Studentin Jennifer, wie sie gerade versucht, über den Balkon in die

Wohnung ihrer seit Tagen verschwundenen Mutter zu gelangen. Als Thiel dann noch in der Tiefgarage des Hauses Blutspuren entdeckt, scheint ein Gewaltverbrechen nicht mehr auszuschließen zu sein.

Parallel dazu taucht in einem Moor die Leiche eines weiblichen Teenagers auf. Schnell wird klar, dass die beiden Fälle auf tragische Art und Weise zusammenhängen. Die Obduktion durch Forensiker Boerne ergibt, dass es sich bei der konservierten Toten um die seit 20 Jahren vermisste Tochter eines gewissen Hermann Alsfeld handelt.

Bald stellt sich heraus, dass die ermordete Mutter einst das Kindermädchen der Alsfelds war. Der Freund ihrer Tochter Jennifer ist besagter Hermann Alsfeld, der sich nicht nur als wohlhabender Gönner entpuppt, sondern auch in einem besonderen Verhältnis zu der Studentin steht. Schließlich wird ein altes Familiengeheimnis gelüftet, bei dem einige Verbrechen der honorigen Familie Alsfeld zutage kommen.

Regie: Peter F. Bringmann
Buch: Jan Hinter und Stefan Cantz
Kamera: Johannes Geyer
Musik: Paul Vincent Guina
Erstausstrahlung: 20. Oktober 2002

Fakten, Fakten

Knapp sechs Wochen nach dem ersten Tatort strahlte die ARD mit „Fakten, Fakten" bereits die zweite Folge mit dem humorigen Ermittlerduo aus Münster aus. Der Film ist zugleich die Tatort-Folge Nummer 517 und lockte bei der Erstausstrahlung 9,45 Millionen Zuschauer an den Bildschirm.

Zur Handlung: Vor dem Haus von Professor Bernhard Dreiden, einem Freund von Professor Boerne, wird die Leiche von Jürgen Wilken entdeckt. Der Tote ist der Lebensgefährte von Dreidens (Ex-)Geliebter, was zunächst an ein Eifersuchtsdrama denken lässt. Boerne jedoch glaubt an Dreidens Unschuld und die Ergebnisse aus der Rechtsmedizin bestätigen dies. Nun gibt es weder einen Verdächtigen noch ein Tatmotiv.

In den Fokus der Ermittlungen gerät dann Wilkens Lebensgefährtin Juliane Kraft. Doch auch sie verschwindet plötzlich. Ihr Büro ist unverschlossen, an der Wand und auf dem Boden sind Blutspuren. Boerne stellt fest, dass es sich um das Blut der Vermissten handelt, jedoch fehlt von einer Leiche jede Spur …

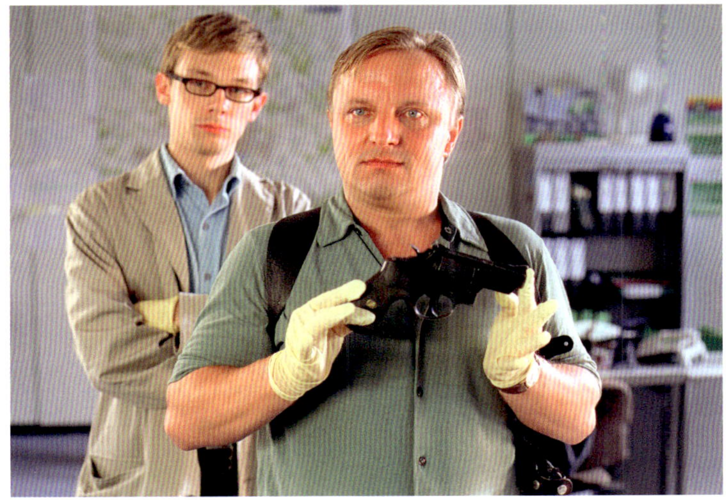

Tatort-Szene aus „Fakten, Fakten" © WDR

Regie: Susanne Zanke
Buch: Wolfgang Panzer
Kamera: Tamas Ujlaki
Musik: Rainer Michel
Erstausstrahlung: 1. Dezember 2002

Dreimal schwarzer Kater

Den dritten Fall des Münsteraner Ermittlerduos, die Tatort-Folge Nummer 543, verfolgten bei der Erstausstrahlung 8,38 Millionen Zuschauer vor dem Fernseher.

Zur Handlung: Eine querschnittsgelähmte Frau hat sich scheinbar mit einem Cocktail aus Medikamenten das Leben genommen. Doch Anwalt Dr. Andreas Weis, der mit einem Verkehrsunfall die Behinderung der Toten verursachte gerät in den Verdacht, illegale Sterbehilfe geleistet zu haben.

Bei den Ermittlungen stellt sich heraus, dass die Tote gemeinsam mit Weis Gelder gesammelt hat, um die drohende Schließung des Wohnheims für körperlich behinderte Menschen, in dem sie untergebracht war, zu verhindern Kurz nach dem Todesfall ist das benötigte Geld plötzlich vorhanden.

Die Spur führt zurück zu Weis. Doch der wird nun ebenfalls tot in seinem brennenden Haus aufgefunden. Boerne findet heraus, dass Weis schon vor dem Brand erschlagen wurde. Jetzt fällt der Verdacht auf den Vater der Verstorbenen, der schließlich einräumt, seiner Tochter den tödlichen Cocktail verabreicht zu haben. Doch Weis will er nicht ermordet haben. Ihm sei auf dem Weg zum Haus des Anwalts ein böses Omen, ein schwarzer Kater, begegnet, was ihn dazu veranlasste, umzukehren …

Tatort-Szene aus „Dreimal schwarzer Kater" © WDR

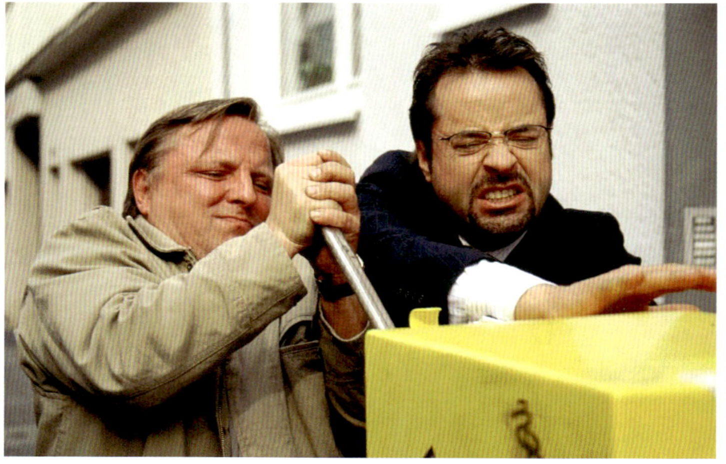

Regie: Buddy Giovinazzo
Buch: Stefan Cantz und Jan Hinter
Kamera: Florian Hoffmeister
Musik: Rick Giovinazzo
Erstausstrahlung: 19. Oktober 2003

Sag nichts

Der vierte Fall aus Münster, die Tatort-Folge Nummer 551, zog bei der Erstausstrahlung „nur" 8 Millionen Zuschauer in ihren Bann, besticht aber durch eine Besonderheit: Für die Musik von „Sag nichts" zeichnete Hauptdarsteller Jan Josef Liefers selbst verantwortlich.

Zur Handlung: In der Nähe des Aasees wird die Leiche von Wolfram Baermann gefunden. Der Tote war gemeinsam mit seinem Partner Klaus Weisberg im Windradgeschäft erfolgreich. Die Frau des Ermordeten ist „zufällig" Boernes Physiotherapeutin.

Schließlich wird klar, dass Baermann nicht am See umgebracht wurde, sondern zu Hause. Im Bad werden Blutspuren entdeckt. Die Untersuchungen zeigen, dass Baermann mit WC-Reiniger ruhig gestellt und anschließend erschlagen wurde. Der Tatverdacht fällt auf seine Ehefrau. Zuletzt wurde das Opfer, das vor Kindheitstagen an unter Depressionen litt, lebend auf der Beerdigung der eigenen Stiefmutter Gudrun gesehen. Die zweite Frau seines Vaters Henner Baermann war in der Badewanne gestorben. Zudem finden Thiel und Boerne heraus, dass Hanne, die Schwester des Ermordeten, in der Psychiatrie ist, weil sie an einem Trauma leidet. Boerne glaubt schließlich, Hanne sei der Schlüssel, um den Mord aufzuklären …

Regie: Lars Kraume
Buch: Hans-Christian Laaber
Kamera: Philippe Cordey
Musik: Jan Josef Liefers
Erstausstrahlung: 14. Dezember 2003

Mörderspiele

„Mörderspiele", die Tatort-Folge 565, begeisterte bei der Erstausstrahlung knapp 8 Millionen Zuschauer, mit einem Fall, der an ein wahres Verbrechen angelehnt ist, das sich in Münster in den 1950er-Jahren ereignete – den „Fall **Rohrbach**" (☞ Seite 38).

Zur Handlung: Der fünfte Fall der Münsteraner Spürnasen führt Boerne und Thiel zunächst auf mehrere falsche Fährten, ehe sie in einem scheinbar undurchsichtigen Beziehungsdickicht schließlich des Rätsels Lösung finden.

Am Aasee wird der Rumpf einer Frau gefunden. Wenig später werden am anderen Ufer des stadtnahen Erholungsgewässers weitere Leichenteile gefunden. Der Kopf bleibt verschwunden, was es nahezu unmöglich macht, die Identität der Toten festzustellen. In ihrem Magen werden Reste von Trüffeln und Rotwein gefunden, was an ein Verbrechen im Münster der 1950er-Jahre erinnert. Sofort drängt sich die Frage auf, ob hier jemand den skandalösen Rohrbach-Fall als Muster für ein neues Verbrechen nutzte.

Wenig später meldet eine gewisse Laura Schott ihre Freundin Solveig Helmhövel als vermisst. Doch deren Ehemann Sigbert und dessen Schwester, Monika Hanke-Helmhövel, beteuern, dass Solveig derzeit in Madeira sei.

Als dann ein ukrainischer Geschäftsmann namens Oleg Buykov auftaucht, identifiziert dieser die Leiche als seine vermisste Frau Olga. Spekulationen über einen Racheakt der russischen Mafia schießen ins Kraut.

Tatort-Szene aus „Mörderspiele" © WDR

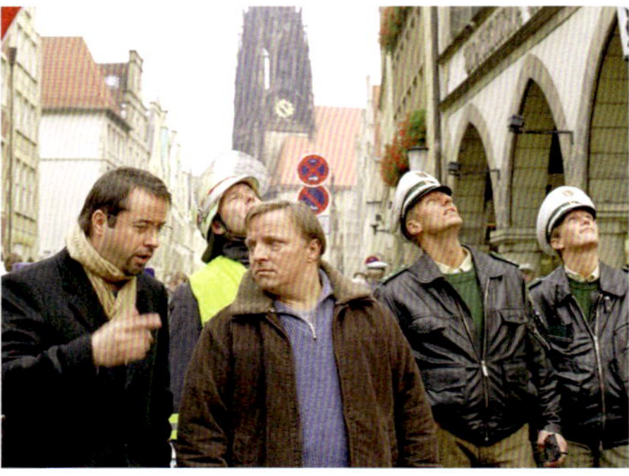

Doch dann wird die gevierteilte Leiche von Laura Schott am Turm der Lambertikirche in einem der berühmten Wiedertäuferkäfige mit Trüffeln und Rotwein im Magen entdeckt.

Mehr und mehr verdichten sich die Anzeichen für ein Eifersuchtsdrama, bei dem Monika Hanke-Helmhövel eine entscheidende Rolle zu spielen scheint. Als Boerne bei Letzterer auf eigene Faust ermittelt, gerät er selbst in Lebensgefahr …

Regie: Stephan Meyer
Buch: Stephan Meyer
Kamera: Michael Tötter
Musik: Martin Doepke
Erstausstrahlung: 25. April 2004

Der Fall Rohrbach

Die Tatort-Folge „Mörderspiele" hat deutlichen Bezug zu einem berühmten Kriminalfall aus den 1950er-Jahren, der Münster erschütterte und als der „Fall Rohrbach" in die Annalen der Stadt einging.

Am Ufer der Aa, des kleinen Flusses, der durch das Zentrum von Münster fließt, fanden Kinder im Jahre 1957 ein sorgsam verschnürtes Paket, in dem ein männlicher Oberkörper ohne Kopf steckte. Wenig später wurde am Oberlauf der Aa der dazugehörige Unterkörper – allerdings ohne Beine – gefunden. Mithilfe eines Gürtels gelang es, das Opfer als **Hermann Rohrbach** zu identifizieren.

Dieser war im **Kreuzviertel** zu Hause – also dort, wo sich im Film vermeintlich die Wohnungen von Boerne und Thiel befinden.

Die Polizei informierte die Witwe vom Tod ihres Mannes. Weil diese die Nachricht relativ rührungslos aufnahm, geriet sie schnell in den Verdacht, ihren Mann umgebracht zu haben. Da Maria Rohrbach als Diebin bei der Polizei aktenkundig war, schien die kriminelle Ader der Frau bereits nachgewiesen. Zudem stand sie im zweifelhaften Ruf, regelmäßig Liebhaber in ihrer Wohnung zu empfangen. Maria Rohrbach wurde (vorsichtshalber) inhaftiert.

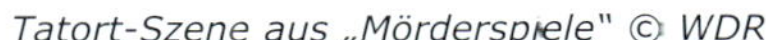

Tatort-Szene aus „Mörderspiele" © WDR

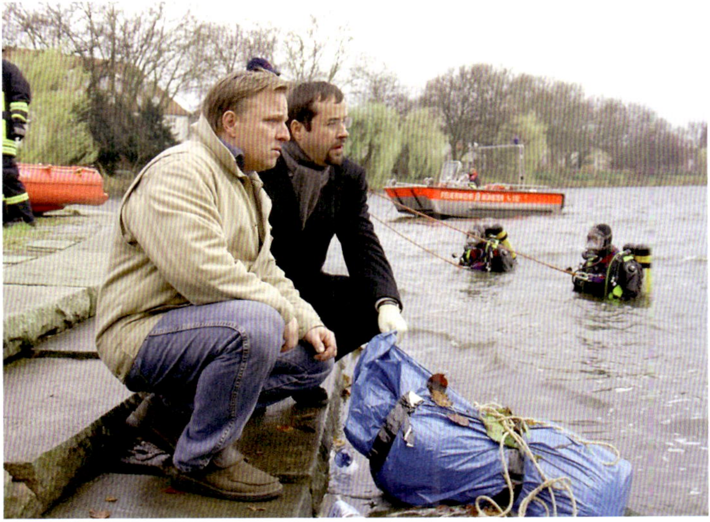

Derweil tauchten am Aasee die Beine des Toten auf. Die Untersuchungen ergaben, dass sie noch nicht lange im Wasser gelegen haben konnten. Dadurch war Maria Rohrbach eigentlich entlastet, da sie zum besagten Zeitpunkt in Untersuchungshaft saß.

Hermann Rohrbach, so fanden die Ermittler heraus, war auch nicht unbedingt ein Kind von Traurigkeit. Er soll, was zum damaligen Zeitpunkt strafbar war, sexuelle Beziehungen zu Männern unterhalten haben. Doch dieser Spur folgte die Polizei überhaupt nicht.

Stattdessen gingen die Ermittler davon aus, dass Maria Rohrbach ihren Mann mit Rattengift ermordet und anschließend den Körper zerlegt hatte. Es wurde angenommen, dass sie den Kopf im Ofen verbrannt hatte. Diese These wurde durch die Tatsache gestützt, dass in den Verbrennungsrückständen im Ofen Spuren von Thallium, einem giftigen Bestandteil von Rattengift, gefunden wurden. Obschon es keine Beweise für die Schuld von Maria Rohrbach gab und diese immer wieder ihre Unschuld beteuerte, wurde sie zu lebenslanger Haft verurteilt. Ursächlich hierfür war das Gutachten des Chemikers und Kriminologen Professor **Walter Specht**. Dieser war zu der Erkenntnis gelangt, dass diese Art von Tötung, besonders die Zerstücklung eines Körpers, charakteristisch für eine Frau sei.

Rund zwei Jahre später begab sich ein Pärchen für ein Schäferstündchen in ein Waldstück nahe der Kleister Mühle. Dabei entdeckten die beiden sehr zu ihrem Schrecken den Kopf von Hermann Rohrbach. Dieser war also nicht verbrannt worden. Auch die Tatsache, dass der Kopf noch in voller Haarpracht war, widersprach der Theorie, dass er mit Rattengift ermordet wurde. Denn dann wären die Haare ausgegangen. Damit war das dürftige Konstrukt der Polizei wie ein Kartenhaus zusammengebrochen.

Es kam zu einem neuerlichen Gerichtsverfahren, an dessen Ende Maria Rohrbach im Jahre 1961 mangels Beweisen freigesprochen wurde. Dabei stellten die Richter ausdrücklich fest, dass damit nicht die Unschuld von Maria Rohrbach bewiesen sei. Daher wurden an sie für die vier Jahre und zwei Monate Haft auch keinerlei Entschädigungszahlungen geleistet. Maria Rohrbach bekam eine neue Identität und zog aus Münster fort.

Gleichwohl beschäftigte der Mordfall noch lange die Gemüter in Münster. Die Bushaltestelle in der **Kerßenbrockstraße**, in der die Rohrbachs im Haus Nummer 17 wohnten, wurde noch Jahre später von Busfahrern launig als „Sägewerk Rohrbach“ angesagt.

Eine Leiche zu viel

Der sechste Fall aus Münster, der zugleich die Tatort-Folge Nummer 582 bildet, weist eine Besonderheit auf: „Eine Leiche zu viel“ ist der erste Fall, in der Staatsanwältin Wilhelmine Klemm nicht auftaucht. Dafür ist Staatsanwältin Dorn, gespielt von Ute Willing, „im Dienst“. Erstmals ist daneben auch Carola Regnier als Boernes Mutter Erika in einer Nebenrolle zu sehen. Die Erstausstrahlung verfolgten 8,89 Millionen Zuschauer am Fernsehbildschirm, was einem Marktanteil von 24,6 % entsprach.

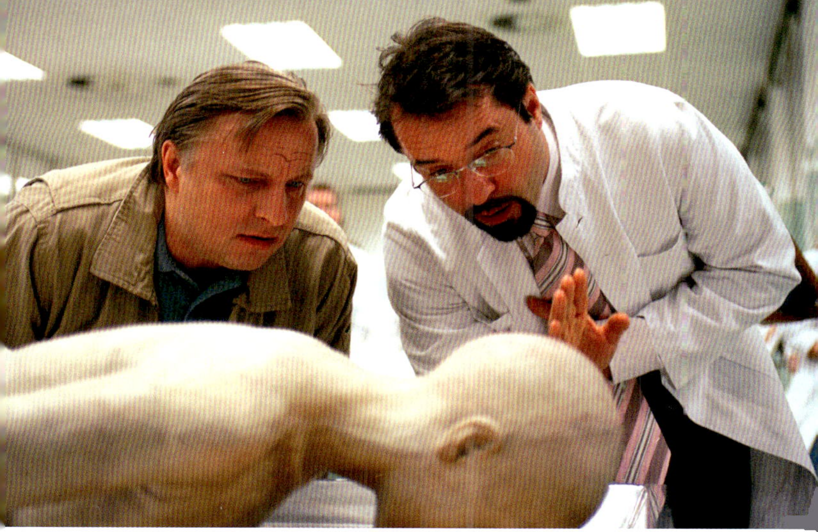

Tatort-Szene aus „Eine Leiche zu viel" © WDR

Zur Handlung: „Eine Leiche zu viel" taucht im Anatomiekurs von Professor Gregor Härtling an der Universität Münster auf. Schnell stellt sich heraus, dass es sich dabei um die sterblichen Überreste der französischen Chemikerin Amélie Blanc handelt. Da die Leiche professionell konserviert wurde und Blanc vor dem Tod Geschlechtsverkehr hatte, wird der Täter im Institutsumfeld vermutet. Entsprechend werden alle am Institut – einschließlich des Professors – zu einer DNA-Probe verdonnert. Doch Härtling begeht Selbstmord. Was natürlich die Frage aufwirft, ob der Suizid ein Schuldeingeständnis ist oder ob etwas anderes den Professor in den Tod trieb?

Thierry, der aus Paris angereiste Ehemann der Toten, beginnt, selbst Nachforschungen anzustellen. Doch er bezahlt seine Neugierde mit dem Leben und wird ermordet aufgefunden, womit unwahrscheinlich scheint, dass Härtling schuldig war. Boerne gelingt es, den flüchtigen Täter zu stellen – und wird von ihm niedergeschlagen …

Regie: Kaspar Heidelbach
Buch: Dorothee Schön, Georg Schott
Kamera: Clemens Messow
Musik: Arno Steffen
Erstausstrahlung: 5. Dezember 2004

Der Frauenflüsterer

„Der Frauenflüsterer" klingt ein Stück weit nach Liebesdienst. Einen solchen vermuten Kritiker auch aufgrund der Tatsache, dass Anna Loos in der Tatort-Folge 594 als Doris Röttger, Frau des Mordopfers, eine Hauptrolle bekleidet. Schließlich ist Anna Loos seit 2004 mit Jan Josef Liefers verheiratet. Dem Erfolg tat dies jedenfalls keinen Abbruch: 8,46 Millionen Zuschauer schalteten bei der Erstausstrahlung am 3. April 2005 ein.

Tatort-Szene aus „Der Frauenflüsterer" © WDR

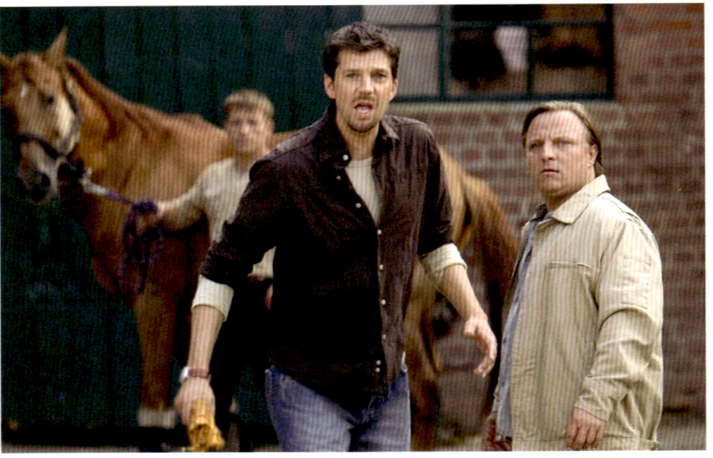

Zur Handlung: Gastronom Dietrich Röttger stürzt aus dem Fenster. Würgemale am Hals lassen Zweifel daran aufkommen, dass es Selbstmord war. Die Witwe Doris Röttger jedenfalls ist überzeugt, dass Reitlehrer Markus Hoffschulte (Kai Wiesinger) seine Hände im Spiel hat, zumal dieser kurz vor dem Todesfall einen handfesten Streit mit Dietrich Röttger hatte. Dabei ging es wohl um 20.000 Euro, die sich der Frauenschwarm Hoffschulte geliehen haben soll, aber nicht zurückzahlen konnte.

Im Laufe der Ermittlungen stellt sich heraus, dass Röttger wirklich Selbstmord begangen hat – vermutlich aus Gram darüber, herausgefunden zu haben, dass sein Sohn nicht von ihm stammt, sondern das Ergebnis eines Seitensprungs seiner Frau (mit Hoffschulte) ist.

Als dann Rasputin, der wertvolle Zuchthengst von Hoffschulte, entführt und kastriert wird, ist der Frauenschwarm finanziell ruiniert. Doch niemand in seinem Umfeld scheint Mitleid zu haben. Im Gegenteil – allerorten scheint sich Schadenfreude breitzumachen. Anscheinend haben gleich mehrere Personen noch eine Rechnung mit dem „Frauenflüsterer" offen. Darauf deutet auch ein Drohbrief an der Stalltür hin: „Das war nur der Anfang. Du bist ein toter Mann." Wenig später gibt es auf dem Reiterhof eine Explosion …

Regie: Kaspar Heidelbach
Buch: Jan Hinter, Stefan Cantz
Kamera: Clemens Messow
Musik: Arno Steffen
Erstausstrahlung: 3. April 2005

Der doppelte Lott

Hohe Einschaltquoten und ein Gastspiel der Kölner Tatort-Kollegen Freddy Schenk (Dietmar Bär) und Max Ballauf (Klaus J. Behrendt) prägten den nunmehr achten Münsteraner Tatort. Die insgesamt 615. Folge der Krimiserie begeisterte bei der Erstausstrahlung stolze 9,38 Millionen Zuschauer, was einem Marktanteil von 24,5 % entsprach. In anderen Worten: Fast jeder vierte deutsche Fernsehzuschauer verfolgte den Krimi.

Zur Handlung: Der rechtsextreme Frieder Lott möchte Bürgermeister in Münster werden und wirbt bei einer Wahlkampfveranstaltung für seine Ideen und Ansichten. Während die Bürger gegen Lott auf die Straße gehen, wird dieser scheinbar von einem protestierenden Gegner in einer Nebenstraße am Rathaus ermordet. Doch bei dem Toten handelt es sich überraschenderweise nicht um den Politiker, sondern um den Kabarettisten Joachim Montell, der Lott wie aus dem Gesicht geschnitten scheint. Montell hatte sich in seinem Programm „Der wahre Lott" regelmäßig über den rechtsextremen Politiker lustig gemacht und war als Lott verkleidet unterwegs. Ein tödlicher Fehler.

Nun rätseln die Ermittler darüber, ob hier der Falsche ermordet wurde? Thiel beleuchtet sowohl das Umfeld des Politikers als auch das des Ermordeten. Dabei findet er heraus, dass Montell seit einiger Zeit heftig mit einem Staatsanwalt aus Köln flirtete, was seinem Lebenspartner, dem Chanson-Sänger Tom Linden, überhaupt nicht schmeckte. Eifersucht wäre also ein mögliches Tatmotiv, es wäre aber auch denkbar, dass der Politiker selbst der Täter war, um so gegen seine sinkende

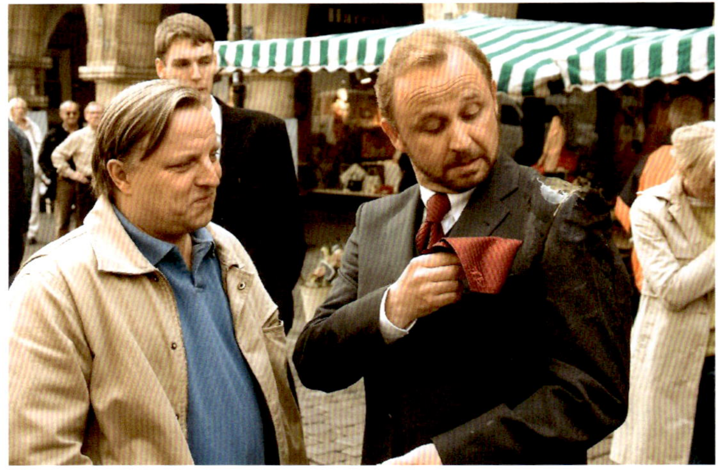

Tatort-Szene aus „Der doppelte Lott" © WDR

Popularität unter den Wählern vorzugehen. Eine komplexe Fragestellung, deren Lösung dadurch erschwert wird, dass Boerne den Kopf nicht frei hat, weil er sich wegen einer vermeintlichen Trunkenheitsfahrt verantworten muss, während eine Studentin aus Kiew Thiel ein wenig den Kopf verdreht …

Regie: Manfred Stelzer
Buch: Jan Hinter und Stefan Cantz
Kamera: Egon Werdin
Musik: Lutz Kerschowski und Danny Dziuk
Erstausstrahlung: 20. November 2005

Das ewig Böse

9,18 Millionen Zuschauer, was einem Marktanteil von 23 % entsprach, ließen sich die Fernsehpremiere der Tatort-Folge Nummer 622 nicht entgehen. Ungeachtet der großen Resonanz gilt der Film unter den Kritikern als der bis dahin schlechteste Münsteraner Tatort.

Zur Handlung: Professor Boerne versucht sich bei der Wohltätigkeitsgala im Polizeipräsidium als Zauberer und Hypnosekünstler. Dabei berichtet Helena

Stettenkamp vor großem Publikum wie in Trance unter Hypnose, dass ihr kürzlich verstorbener Großvater vergiftet worden sei. Daraufhin wird der Keksfabrikant exhumiert. Die Obduktion zeigt, dass Stettenkamp tatsächlich durch Gift getötet wurde.

Währenddessen verunglückt Drachenflieger Tobias Böhm über einem Waldstück. Auch dieser ist scheinbar mit dem gleichen Gift wie der Keksfabrikant umgebracht worden. Bei Ermittlungen im Umfeld der Familie Stettenkamp kommt heraus, dass nahezu jeder aus dem Industriellen-Clan ein Mordmotiv gehabt hätte.

Bald darauf gibt es einen weiteren Toten: Frederick Pleikart, Manager im Unternehmen und Liebhaber von Helena Stettenkamp, wird ebenfalls Opfer eines Giftanschlags. Zudem findet Thiel heraus, dass der ermordete Drachenflieger ein Jugendfreund und Mitschüler von Helena Stettenkamp war, bevor es zum Showdown à la Agatha Christie kommt …

Buch und Regie: Rainer Matsutani
Kamera: Gerhard Schirlo
Musik: Nikos Platyrachos
Erstausstrahlung: 5. Februar 2006

Das zweite Gesicht

Die Tatort-Folge 646 bedeutet – zumindest gemessen an der Resonanz bei der Erstausstrahlung – einen Quotenknick: „Nur" 7,84 Millionen Zuschauer wollten den zehnten Fall aus Münster sehen.

Zur Handlung: Hellseherin Roswitha Brehm, die vergeblich versucht hatte, zu Thiel Kontakt aufzunehmen, wird in einer Villa ermordet, in der vor Jahren bereits eine komplette Familie ums Leben gebracht wurde. Nur die Adoptivtochter Franziska Steinhagen überlebte damals das Blutbad, bei dem die Leichen verschwunden blieben. Gibt es einen Zusammenhang zwischen beiden Fällen oder ist der Mord an Brehm nur zufällig am selben Ort geschehen?

Und es gibt noch einen Toten: die Leiche eines Obdachlosen, der erfroren aufgefunden wird. Die Untersuchung zeigt jedoch, dass der Mann ohne Papiere vor seinem Erfrierungstod mit Wasser übergossen wurde. Die Öffentlichkeit und die Presse prangern die „soziale Kälte" an: Niemand kümmert sich um seinen Nächsten, jeder lebt für sich. Menschen sterben in öffentlichen Parks und unter Brücken …

Regie: Tim Trageser
Buch: Matthias Seelig und Claudia Falk
Kamera: Eckhard Jansen
Musik: Ulrich Reuter
Erstausstrahlung: 12. November 2006

Ruhe sanft

Der Großteil der Szenen aus „Ruhe sanft" entstand – sehr zum Verdruss vieler Münsteraner – nicht in Münster, sondern in Bonn, Düsseldorf, Krefeld und den Kölner WDR-Studios. Was allerdings den Erfolg der Tatort-Folge Nummer 659 nicht schmälerte: 8,42 Millionen Zuschauer schalteten bei der Erstausstrahlung ein. Das entsprach einem Marktanteil von 23 %.

Zur Handlung: Bestatter Gerd Hönninger wird erschlagen aufgefunden. Und in der Münsteraner Pathologie kommt es zu einem Einbruch, bei dem nichts entwendet wird. Stattdessen wird eine Leiche aus der Verwahrbox im Kühlraum herausgezogen. Auf dem Bauch des Toten liegt eine weiße Lilie.

Thiel, der eigentlich in den Urlaub aufbrechen wollte, aber seinen Flug verpasst, bekommt unfreiwillig Boerne für ein paar Tage als Mitbewohner. Was naturgemäß für einige Spannungen sorgt.

Tatort-Szene aus „Ruhe sanft" © WDR

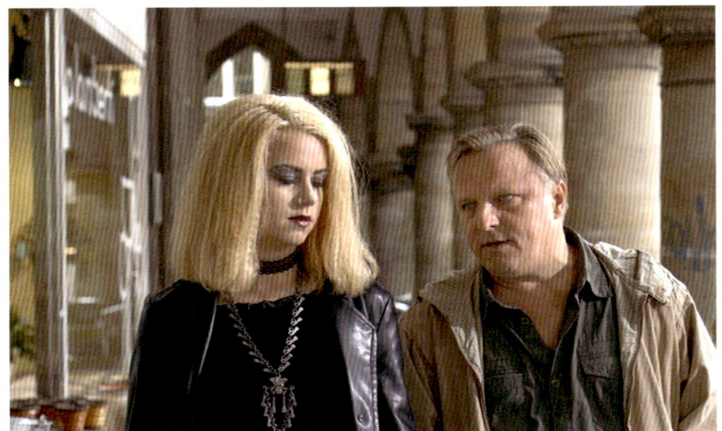

Spannend bleibt auch die Suche nach dem Mörder. In den Fokus der Ermittler gerät zunächst der Bruder des Toten. Parallel dazu stoßen die Kripobeamten im Internet auf eine bizarre Seite, auf der ein ungewöhnlicher Totenkult zelebriert wird. Unbekannte zeigen hier Fotos von Toten, denen man eine weiße Lilie auf die Brust gelegt hat.

Als Hauptkommissar Thiel und Boerne den Betreiber der Internetseite aufspüren, flüchtet dieser. Die Spur führt schließlich zu einer gewissen Lucie Wulfes, deren Vater noch kurz vor dem Mord mit dem Opfer Gerd Hönninger telefoniert hat. Und eben jene Lucie hat engen Kontakt zur Münsteraner Grufti-Szene …

Regie: Manfred Stelzer
Buch: Stefan Cantz und Jan Hinter
Kamera: Egon Werdin
Musik: Lutz Kerschowski, Danny Dzuik
Erstausstrahlung: 18. März 2007

Satisfaktion

Der zwölfte Fall aus Münster, der zugleich die Tatort-Folge Nummer 678 darstellt, lockte bei der Erstausstrahlung 8,1 Millionen Zuschauer vor den Fernseher. Dies entsprach einem Marktanteil von 21,9 %.

Zur Handlung: In einem Waldstück wird die Leiche des seit zehn Jahren vermissten Studenten Raimund Stielicke mit einer Kugel im Kopf gefunden. Boerne kannte den Toten, da er mit ihm gemeinsam Mitglied in einer Studentenverbindung war.

Derweil nimmt die Familie des Ermordeten die Nachricht vom Tode Stielickes nahezu regungslos zur Kenntnis. Weder Vater Walter, Kardiologe an der Uniklinik in Münster, noch Raimunds Bruder Karsten, der mittlerweile als Staatsanwalt wirkt, oder dessen Frau Clara reagieren emotional auf die Nachricht

Während Thiel weder im Kreise der Angehörigen noch bei der Studentenverbindung auf große Hilfsbereitschaft trifft, nutzt Boerne seine alten Verbindungen innerhalb des Studentencorps und nimmt an einem Stiftungsfest der Verbindung teil. Dabei rückt auch der Journalist Gregor Baltus als ehemaliger Freund des Toten in den Fokus. Er konfrontiert Boerne mit alten Fotos, die den Rechtsmediziner bei einem blutigen Fechtduell zeigen. Mit diesen Bildern und einem Ereignis aus der Vergangenheit will er den Rechtsmediziner erpressen …

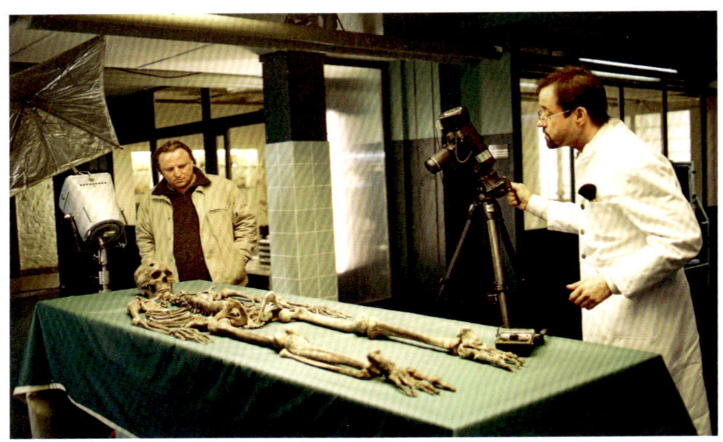

Tatort-Szene aus „Satisfaktion" © WDR

Regie: Manuel Flurin Hendry
Buch: Johannes W. Betz
Kamera: Egon Werdin
Musik: Fabian Römer
Erstausstrahlung: 28. Oktober 2007

Krumme Hunde

Der 13. Fall von Hauptkommissar Frank Thiel und Rechtsmediziner Professor Karl-Friedrich Boerne, die Tatort-Folge 699, interessierte bei der Erstausstrahlung lediglich 7,85 Millionen Fernsehzuschauer.

Zur Handlung: Mit einer Hunde-Tätowierung im Nacken und Einstichwunden im Rücken, halb nackt und mit Säure im Gesicht verätzt, wird Privatdetektiv Peter Mang ermordet in einer Baugrube gefunden. Thiel versucht, die letzten Fälle von Mang nachzuvollziehen, und trifft schließlich auf die Industriellenfamilie Rummel. Anhand von Fotos, die Mang im Auftrag eines gewissen Alfred Wesskamp geschossen hat, wird klar, dass Markus Rummel ein Verhältnis mit Assistentin Christine Schauer hatte. Wesskamp wiederum ist ein alter Freund des Hauses Rummel, dessen Firma laut Wesskamp von Markus Rummel an den Rand des Ruins geführt wurde. Derweil ermittelt Boerne mehr in eigener Sache, nachdem er mithilfe eines Computerprogramms die Gesichtszüge des Toten rekonstruiert hat und feststellen musste, dass dieser ihm überaus ähnlich sah. Boerne verdächtigt seine Cousine Henriette, einen potentiellen Erben beseitigt zu haben.

Die auffällige Tätowierung des Toten führt ihn in ein Tattoo-Studio, wo er die unliebsame Bekanntschaft mit dem Weißrussen Jan Sievic und dessen Kampfhund macht. In der Zwischenzeit wird auch Wesskamp tot aufgefunden. Ähnlich wie bei Mang werden in Wesskamps Blut Spuren von Barbituraten und Alkohol gefunden …

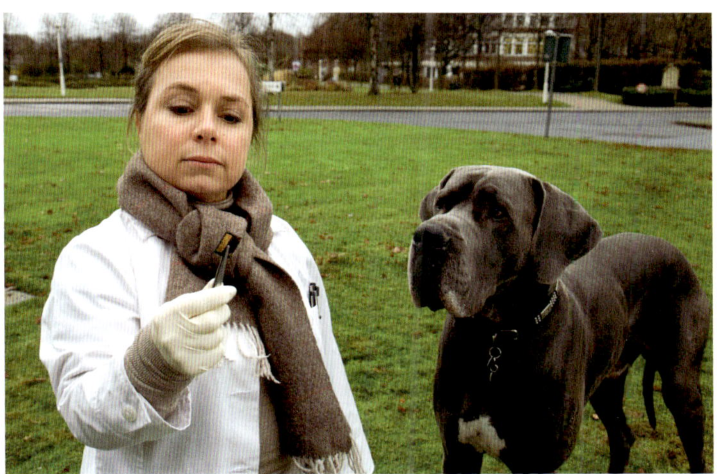

Tatort-Szene aus „Krumme Hunde" © WDR

Regie: Manfred Stelzer
Buch: Stefan Cantz und Jan Hinter
Kamera: Marco Uggiano
Musik: Lutz Kerschowski
Erstaustrahlung: 18. Mai 2008

Wolfsstunde

Zum 14. Mal gehen Thiel und Boerne in der Tatort-Folge 710 auf Verbrecherjagd und wurden dabei bei der Erstausstrahlung von 10,14 Millionen Zuschauern am Fernsehbildschirm begleitet.

Zur Handlung: Eine Jurastudentin wird Opfer eines Sexualverbrechens. Tatverdächtig scheint zunächst ihr Exfreund André Pütz, ein freier Fotograf. Dieser soll die Ermordete gestalkt haben. Als ihn die Ermittler aufsuchen, flieht er, was den Tatverdacht nicht gerade entkräftet.

Tatort-Szene aus „Wolfsstunde" © WDR

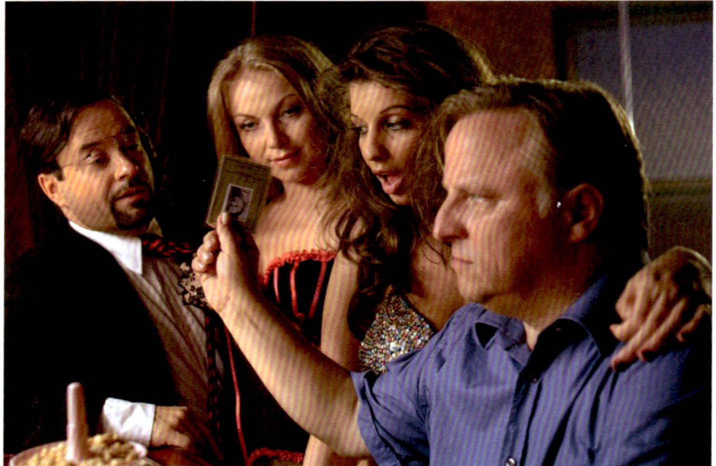

Unabhängig davon entdeckt Thiel überraschende Parallelen zu zwei ähnlich gelagerten Fällen. Er vermutet einen Serientäter, der hinter den drei Angriffen steckt. Eines der Opfer, die Bankangestellte Anna Schäfer, wurde ebenfalls vergewaltigt, überlebte aber die Attacke des Angreifers. Doch zunächst ist Schäfer wenig hilfreich bei den Ermittlungen, bis sie in einem Einkaufszentrum zufällig den Täter an seiner Stimme wiedererkennt. Für Thiel beginnt ein Wettlauf gegen die Zeit, im Bemühen, die einzige Zeugin der Mordserie zu retten …

Regie: Kilian Riedhoff
Buch: Kilian Riedhoff und Marc Blöbaum
Kamera: Marcus Kanter
Musik: Peter Hintertür
Szenenbild: Thomas Schmid
Erstausstrahlung: 9. November 2008

Höllenfahrt

Der 15. Fall von Thiel und Boerne, die Tatort-Folge 727, wurde in Köln, Münster, Billerbeck, Havixbeck, Dülmen und Nottuln abgedreht. 8,92 Millionen Zuschauer verfolgten die Erstausstrahlung, was einer Einschaltquote von 24 % entsprach.

Tatort-Szene aus „Höllenfahrt" © WDR

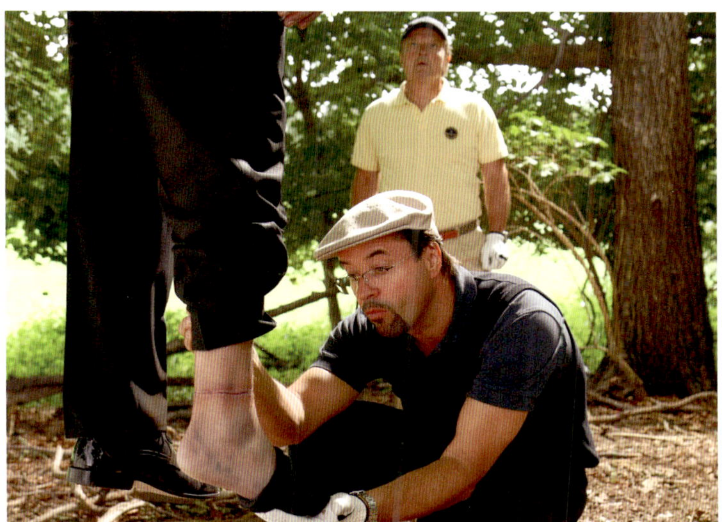

Zur Handlung: Während eines Golfturniers in Grothenburg entdeckt Dr. Bollinger, der Spielpartner von Boerne, einen strangulierten Toten an einem Baum. Wie sich später herausstellt, handelt es sich um den Bankier Dr. Strothoff. Fesselspuren und ein Zettel in der Jackentasche deuten darauf hin, dass es sich nicht um einen Suizid handelt. Parallel dazu wird bekannt, dass seit zwei Tagen ein Trauma-Patient aus einer nahe gelegenen Klinik vermisst wird.

Der Tote vom Golfplatz soll aber nicht der einzige bleiben. Während Thiel und Boerne versuchen, Licht ins Dunkel zu bringen, taucht eine zweite Leiche auf. Ein Zufall kann jedoch ausgeschlossen werden. Die beiden vermeintlichen Selbstmörder waren gemeinsam in eine Geiselnahme in Afrika verstrickt. Und spätestens, als es ein drittes Todesopfer gibt, wird klar, dass es sich hier wohl um einen Rachefeldzug handelt.

Für das Ermittlerduo drängt sich neben der Frage nach dem Warum die Frage auf, wer möglicherweise noch gefährdet ist? Zudem wächst der Verdacht, dass Dr. Strothoff im großen Stil Geld gewaschen und Steuern hinterzogen haben könnte.

Regie: Tim Trageser
Buch: Matthias Seelig, Claudia Falk
Kamera: Eckhard Jansen
Musik: Andreas Weidinger
Erstausstrahlung: 22. März 2009

Tempelräuber

Im 16. Fall aus Münster, der Tatort-Folge 745, spielt mit Ulrich Noethen, der den Priester Hans Wolff mimt, der Schauspieler eine große Rolle, der eigentlich bei der Planung der Reihe für die Rolle des Boerne vorgesehen war. 9,88 Millionen Zuschauer, was einem Marktanteil von 26,5 % entsprach, wollten sich den Fall bei der ersten Ausstrahlung nicht entgehen lassen.

Zur Handlung: Boerne wird zufällig Zeuge, wie ein älterer Herr mit einem Taxi überfahren wird. Die Droschke war zuvor Thiels Vater gestohlen worden. Als Boerne dem sterbenden Opfer zur Hilfe kommt, wird er selbst umgefahren. Während Boerne mit seinen schweren Verletzungen zu kämpfen hat – unter anderem sind beide Arme geschient –, wird die Identität des Toten klar: Es handelt sich um Ludwig Mühlenberg, den Regens des Priesterseminars Sankt Vincenz.

Bei ersten Ermittlungen im Umfeld der angehenden Priester stellt sich heraus, dass in das Büro des Regens in der Mordnacht eingebrochen wurde. In den Fokus der Ermittlungen gerät Hans Wolff, der als möglicher Nachfolger des Toten gehandelt wird. Doch der hat ein Alibi. Er hat zur Tatzeit dem Geigenschüler Steffen Unterricht gegeben.

In der folgenden Nacht wird abermals im Büro des Regens eingebrochen. Thiel und Boerne können den Einbrecher mit vereinten Kräften stellen: Seminarist Johannes Bott war auf der Suche nach einem Brief des Regens, in dem vorgeschlagen wird, den Priesterschüler wegen der mangelnden Gesinnung aus dem Seminar zu entfernen. Doch Thiel bezweifelt, dass dies ein Mordmotiv ist.

Schließlich stellt sich heraus, dass Wolff in jungen Jahren die Sekretärin des Priesterseminars geschwängert hat. Mühlenberg hat die Sache geheim gehalten, die junge Frau entlassen und ihr Geld für eine Abtreibung angeboten. Doch stattdessen verschwand sie spurlos. Dafür stellt sich heraus, dass ihre Tochter nun im

Priesterseminar arbeitet. Nach und nach wird zudem klar, dass Wolff seit Jahren heimlich ein Familienleben führt und dass der Geigenschüler Steffen ebenfalls sein Kind ist …

Tatort-Szene aus „Tempelräuber" © WDR

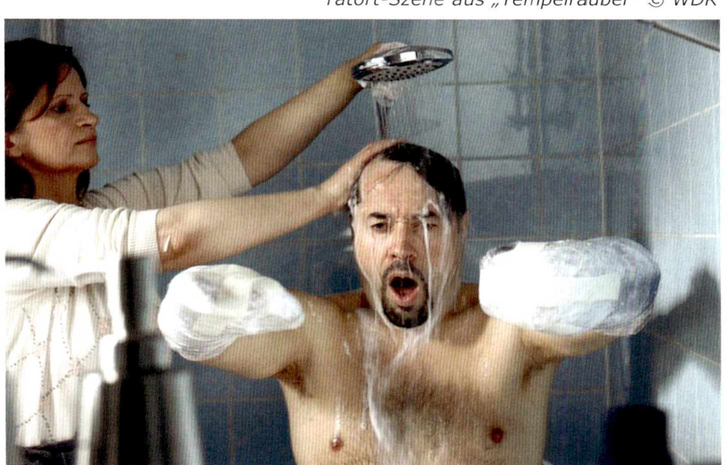

Regie: Matthias Tiefenbacher
Buch: Magnus Vattrodt
Kamera: Holly Fink
Musik: Ulrich Reuter
Erstausstrahlung: 25. Oktober 2009

Der Fluch der Mumie

Quotenmäßig avancierte der 17. Fall von Boerne und Thiel zum bis dahin erfolgreichsten Tatort aus Münster. Die Tatort-Folge 763 zog bei der Erstausstrahlung sage und schreibe 10,24 Millionen Zuschauer in ihren Bann, was einer Quote von 28,6 % entsprach.

Zur Handlung: Thiels Vater entdeckt während Entrümpelungsarbeiten in einer alten Villa, die er im Auftrag von Judith Schorlemer, der Enkeltochter eines Archäologen, durchführt, eine mumifizierte Leiche. Professor Dr. Wilfried Kastner, Leiter des Archäologischen Instituts der Universität in Münster, glaubt, dass es sich um einen Sensationsfund handelt und die Mumie aus dem alten Persien stammt. Parallel dazu wird die Leiche des Vollzugsbeamten Mathias Reinhard gefunden, der bei den Häftlingen als „harter Hund" verschrien war. Einer der Verdächtigen ist der mit Alberich befreundete ehemalige Straftäter Andreas Lechner, der gerade aus der Haft entlassen wurde und nun im rechtsmedizinischen Institut von Boerne als Aushilfe tätig ist. Eine Zigarettenkippe mit seinem Speichel verrät, dass Lechner am Tag des Mordes vor dem Haus von Reinhard war. Lechner gibt das auch zu, streitet die Tat aber ab. Schließlich finden Thiel und seine Assistentin Nadeshda heraus, dass Reinhard seinen extravaganten Lebensstil wohl mit Drogengeschäften finanziert hat. Reinhards „Lieferant" Karb hält einen gewisser Nabil Mavrat, einen entflohenen Sträfling, für den möglichen Täter. Doch Mavrat ist nicht aufzufinden.

Bewegung kommt in die Sache, als Boerne die Mumie obduziert. Er findet heraus, dass der vermeintlich jahrtausendealte „Sensationsfund" erschossen wurde. Die Rekonstruktion des Aussehens des Toten macht dann deutlich, dass es sich um den vermissten Mavrat handelt. Zudem stellt die Ballistik fest, dass dieser mit einer Waffe von Reinhard erschossen wurde ...

Regie: Kaspar Heidelbach
Buch: Stefan Cantz und Jan Hinter
Kamera: Achim Poulheim
Musik: Arno Steffen
Erstausstrahlung: 16. Mai 2010

Spargelzeit

Zum 18. Mal sind Thiel und Boerne auf Verbrecherjagd und werden dabei während der Erstausstrahlung von 10,49 Millionen Zuschauern am Fernsehbildschirm begleitet, was einer Quote von 29,3 % entspricht. In der Tatort-Folge Nummer 775 spielt auch Jörg Hartmann als Spargelbauer Martin Pütz eine Hauptrolle. Der gebürtige Hagener ist seit 2012 selbst als Tatort-Kommissar in Dortmund im Einsatz.

Zur Handlung: Die Ehefrau von Spargelbauer Martin Pütz wird erstochen aufgefunden. Für einen Moment gerät auch Thiels Vater in den Fokus der Ermittlungen, da er als Spargeldieb zufällig in der Nähe war. Schnell kommt heraus, dass Julia Pütz, die Tochter der Toten, vor zwei Jahren von einem Unbekannten vergewaltigt wurde. Seither ist das Verhältnis zwischen den Dorfbewohnern und den osteuropäischen Saisonarbeitern mehr als angespannt, zumal viele glauben, der Übeltäter sei unter den Erntehelfern zu finden. Boerne entdeckt schließlich an der Kleidung der Toten die gleichen DNA-Spuren, die schon bei der Vergewaltigung der Tochter festgestellt wurden. Thiel ordnet DNA-Proben unter den Arbeitern an. Zudem wird Nadeshda Krusenstern dazu verdonnert, undercover als Erntehelferin zu ermitteln. Sie versucht, das Vertrauen von Gabriela Tosicz zu gewinnen, die als einzige der Osteuropäer gut Deutsch spricht.

Tatort-Szene aus „Spargelzeit"
© WDR

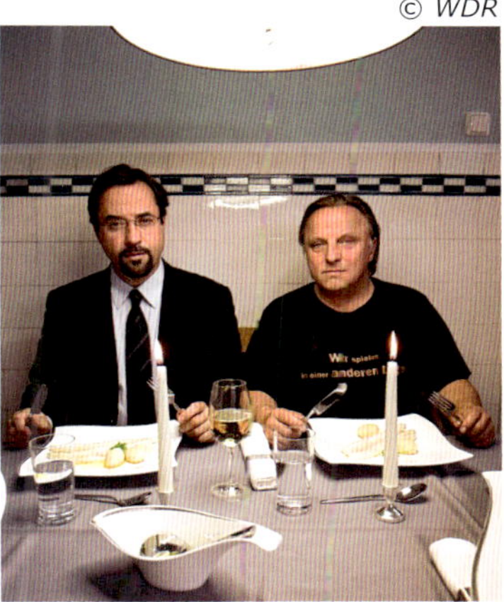

Thiel erfährt, dass das Verhältnis von Julia zu ihrer ermordeten Mutter nicht das beste war. Auch das Verhältnis zum Vater ist nicht gerade spannungsfrei. Zudem finden die Ermittler heraus, dass die Ermordete immer mal wieder fremdgegangen ist. Zuletzt hatte sie eine Affäre mit einem der Saisonarbeiter, der aber verschwunden ist ...

Regie: Manfred Stelzer
Buch: Jürgen Werner
Kamera: Michael Wiesweg
Musik: Lutz Kerschowski, Danny Dziuk
Erstausstrahlung: 10. Oktober 2010

Herrenabend

Die 19. Tatort-Folge aus Münster, die Tatort-Folge Nummer 795, schreibt ein Stück Fernsehgeschichte: Mit 11,79 Millionen Zuschauern verbucht die Erstausstrahlung einen neuen Rekord für Boerne und Thiel. Der Marktanteil lag bei sensationellen 32,9 %.

Zur Handlung: „Kartoffelkaiser" Hans Lüdinghaus feiert mit zahlreichen namhaften Persönlichkeiten seinen Geburtstag. Nach der Feier wird Partyteilnehmer Arno Berger tot aufgefunden. Rätselhaft wird das Ganze zudem durch die Tatsache, dass am Tatort Fingerabdrücke eines gewissen Rüdiger Klarbach sichergestellt

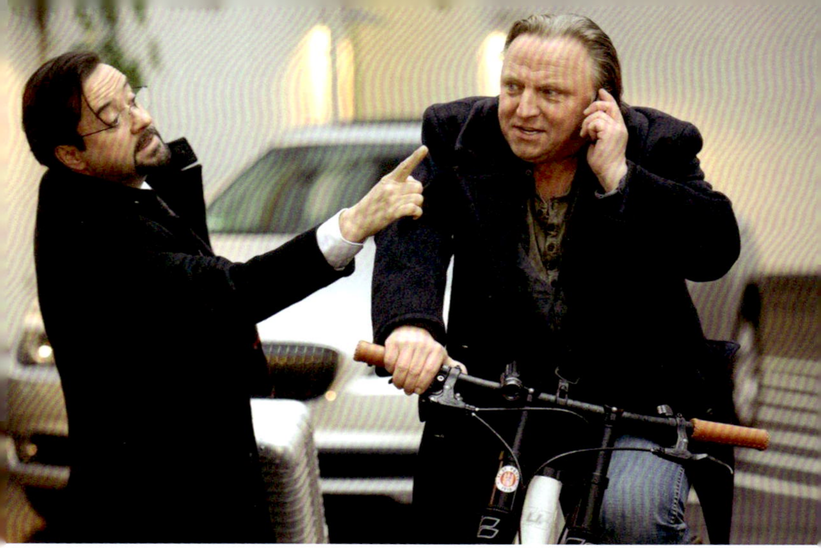

Tatort-Szene aus „Herrenabend" © WDR

werden. Der ehemalige Staatssekretär im Wirtschaftsministerium ist vor eineinhalb Jahren bei einem Hausbrand in Südafrika ums Leben gekommen. Und ausgerechnet Boerne hat seinerzeit den Totenschein ausgestellt und ist (zunächst) davon überzeugt, keinen Fehler gemacht zu haben.

Doch Politiker Klarbach lebt tatsächlich noch. Wegen Korruptionsvorwürfen hatte er seinen Tod vorgetäuscht. Seine Tochter Nele will zunächst nichts von ihm wissen, auch weil ihre Mutter seit dem Verschwinden von Klarbach alkoholsüchtig ist. Klarbachs Schwiegervater hat sich daher seiner Tochter angenommen. Und auch er war auf der Geburtstagsfeier von Lüdinghaus …

Schließlich kommt heraus, dass der „Kartoffelkaiser" mithilfe einer Scheinfirma systematisch Steuergelder hinterzieht. Hiervon wusste nicht nur das Mordopfer, sondern auch Klarbach. Dieser versucht daher, Lüdinghaus zu erpressen, um das nötige „Kleingeld" für einen Neuanfang zusammenzubekommen …

Regie: Matthias Tiefenbacher
Buch: Magnus Vattrodt
Kamera: Martin Farkas
Musik: Biber Gullatz, Andreas Schäfer
Erstausstrahlung: 1. Mai 2011

Zwischen den Ohren

Kleines Jubiläum für Thiel und Boerne: Zum 20. Mal gehen sie in der Tatort-Folge Nummer 810 gemeinsam auf Verbrecherjagd. 10,4 Millionen Zuschauer an den Bildschirmen wollen sich dies bei der Erstausstrahlung nicht entgehen lassen, was einer Einschaltquote von beachtlichen 28,8 % entspricht.

Tatort-Szene aus „Zwischen den Ohren" © *WDR*

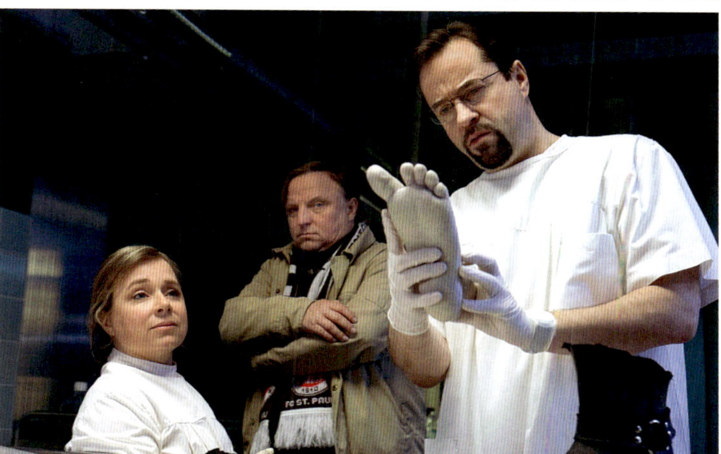

Zur Handlung: Thiels Vater zieht beim nächtlichen Angeln am Dortmund-Ems-Kanal einen abgetrennten Fuß mit einer markanten Fehlbildung an Land. Boerne findet heraus, dass dieser von seiner Jugendfreundin Susanne Clemens stammt. Diese hatte zuletzt in einem örtlichen Tennisclub gearbeitet, in den gerade eingebrochen wurde. Während die Ermittler der Frage nachgehen, ob zwischen dem Verschwinden von Clemens und dem Einbruch ein Zusammenhang besteht, fühlt sich Tennistalent Nadine Petri dadurch in der Vorbereitung auf ein wichtiges Turnier gestört.

Eine weitere Spur rückt schließlich den Rockerclub „Wotan Wolves", dem Verbindungen zum organisierten Verbrechen nachgesagt werden, in den Fokus der Ermittlungen. Unterdessen entdeckt Herbert Thiel bei einem weiteren Angelausflug die Leiche von Susanne Clemens. Boerne stellt bei der Obduktion fest, dass das Opfer Tage vor seinem Tod schwer verprügelt wurde.

Eine auffällige Tätowierung lässt den Rückschluss zu, dass Clemens verkleidet als Mann Zugang bei den Wotan Wolves gefunden haben könnte. Schließlich gibt die Gang zu, Clemens geschlagen zu haben – den Mord streitet sie allerdings ab. Nach und nach wird klar, dass Clemens sich als Mann, gefangen im Körper einer Frau, fühlte und offenbar nicht die einzige intersexuelle Frau im Tennisclub war …

Regie: Franziska Meletzky
Buch: Thorsten Wettcke, Christoph Silber
Kamera: Eeva Fleig
Musik: George Kochbeck
Erstausstrahlung: 18. September 2011

Hinkebein

Den bis dahin zweiterfolgreichsten Münsteraner Tatort sahen bei der TV-Premiere 11,78 Millionen Zuschauer. Damit verzeichnete die Tatort-Folge Nummer 831 einen Marktanteil von 30,7 %.

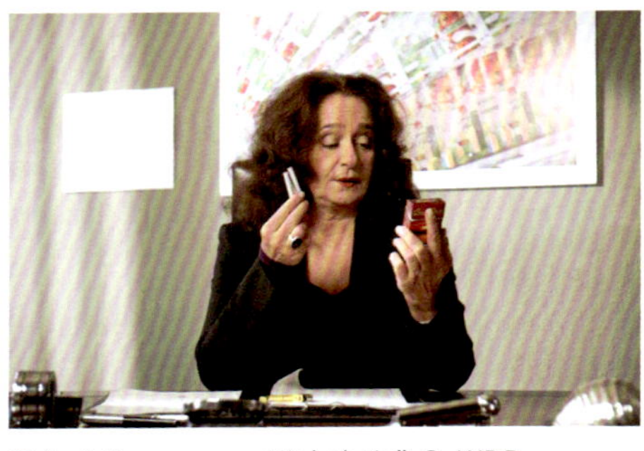

Tatort-Szene aus „Hinkebein" © WDR

Zur Handlung: Mitten in Münster wird die fast völlig nackte Leiche der ehemaligen Polizistin Katja Braun gefunden. Bei der Obduktion werden keine Zeichen von Gewalteinwirkung entdeckt. Thiel findet heraus, dass die tote Ex-Kollegin selbst einmal in einem ähnlich gelagerten Fall um eine ermordete Prostituierte ermittelt hat. Damals tauchte der als dringend tatverdächtig geltende Zuhälter Heinz Kock, der wegen einer Gehbehinderung den Spitznamen „Hinkebein" trägt, im Ausland unter. Er könnte zurückgekehrt sein und Braun in den Tod getrieben haben.

Denkbar wäre auch, dass deren Ableben damit zu tun hat, dass Braun massive Alkoholprobleme hatte, was zu einem gestörten Verhältnis zu ihrem Ex-Mann und ihrer Tochter geführt hat. Und auch Boerne war der Toten eng verbunden und hat ihr noch am Tag vor ihrem Tod 1.000 Euro geliehen. Und dann taucht tatsächlich Kock plötzlich wieder in Münster auf …

Regie: Manfred Stelzer
Buch: Jan Hinter, Stefan Cantz
Kamera: Tomas Erhart
Musik: Lutz Kerschowski, Danny Dziuk
Erstausstrahlung: 11. März 2012

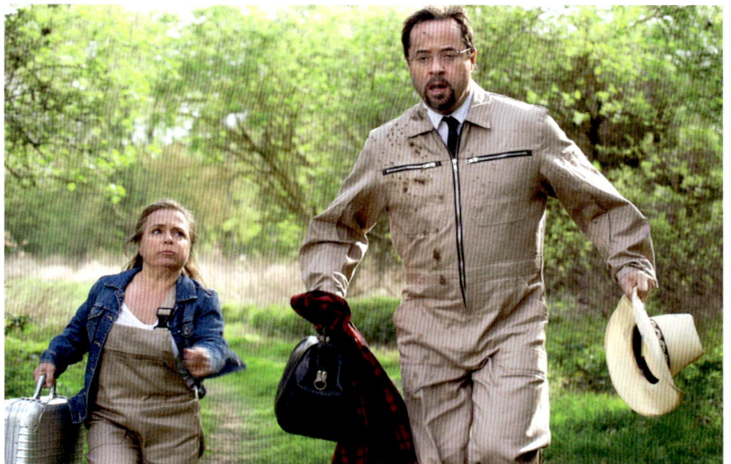

Tatort-Szene aus „Das Wunder von Wolbeck“ © WDR

Das Wunder von Wolbeck

Die 22. Folge des Münsteraner Tatorts markiert zugleich das zehnjährige Dienstjubiläum von Thiel und Boerne. Dabei war die Tatort-Folge 851 auch die erste, die im HD-Format ausgestrahlt wurde. Und passend zum Geburtstag gab es bei der Erstausstrahlung einen neuen Rekord: 12,11 Millionen Zuschauer waren live am Fernseher dabei, was einer Quote von 31,7 % entsprach.

Zur Handlung: Auf einem Bauernhof im Münsteraner Vorort Wolbeck entdeckt Stella Lembeck die Leiche ihres Ehemanns Raffael. Der erste Anschein deutet darauf hin, dass der Heilpraktiker gestürzt und anschließend verblutet ist. Lembeck hatte sich dem Anschein nach darauf spezialisiert, mit alternativen Behandlungsmethoden Frauen zu helfen, den Wunsch nach einem Baby Wirklichkeit werden zu lassen. Und dies so erfolgreich, dass sogar wohlhabende Damen eigens aus dem Ausland in die westfälische Provinz kamen, um sich behandeln zu lassen. Spannungen gab es derweil mit dem benachbarten Bauern Moritz Kintrup. Nur mit dessen Ehefrau Milena, die wohl auch von Lembeck behandelt wurde und lange mit dessen Frau Stella eng befreundet war, gab es scheinbar keinen Streit. Und dann sind da noch die Brüder Krien, die nicht so recht damit herauswollen, was sie mit dem Toten verband …

Regie: Matthias Tiefenbacher
Buch: Wolfgang Stauch
Kamera: Martin Farkas
Musik: Biber Gullatz, Andreas Schäfer
Erstausstrahlung: 25. November 2012

Summ, Summ, Summ

The Sky is the limit – fast scheint es, als ob die Beliebtheit des Münsteraner Tatorts permanent weiter ansteigt. Die Tatort-Folge 867, bei der Schlagersänger Roland Kaiser den Schlagersänger Roman König mimt, zählte bei der TV-Premiere sensationelle 12,99 Millionen Zuschauer, was einer Einschaltquote von 34,1 % entsprach.

Tatort-Szene aus „Summ, Summ, Summ" © WDR

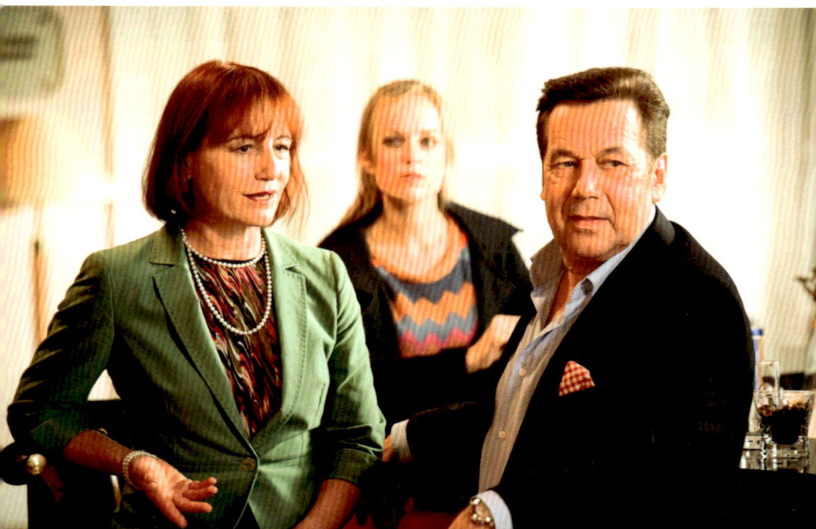

Zur Handlung: Journalistin Claudia Schäffer wird tot auf einem Parkplatz aufgefunden. In ihrer Tasche befindet sich eine Ehrenkarte für ein Konzert von Schlagerstar Roman König. Doch weder der in Münster weilende Sänger noch dessen Managerin Ina Armbaum kennen angeblich die Frau.

Da Boerne gezwungen ist, für ein paar Tage zu Hause auszuziehen, weil vermeintlich giftige Spinnen in seiner Wohnung unterwegs sind, bezieht er zufällig im Hotel die Suite neben Roman König. Geschickt freundet sich der Rechtsmediziner mit dem Musiker an. Dann taucht plötzlich mit Manni Pleuger ein Bandkollege im Hotel auf, der mit dem Schlagersänger noch eine Rechnung offen hat. Angeblich hat König seinen neuesten Erfolgshit gestohlen.

Als kurz darauf König ebenfalls tot ist, liegt der Verdacht nahe, dass hier ein Zusammenhang besteht. Und dann ist da noch Christiane Stagge, eine Stalkerin, die König seit Langem auf Schritt und Tritt verfolgt. Genau wie die tote Journalistin trägt auch sie eine blaue Tulpe als Tattoo. Schließlich taucht noch eine dritte Frau mit demselben Hautschmuck auf …

Regie: Kaspar Heidelbach
Buch: Stefan Cantz, Jan Hinter
Kamera: Achim Poulheim
Musik: Arno Steffen
Erstausstrahlung: 24. März 2013

Die chinesische Prinzessin

Eindrucksvoll bestätigt das Erfolgsduo des Münsteraner Tatorts mit dem nunmehr 24. Fall seine Beliebtheit und den Quotenerfolg der letzten Folgen: 12,44 Millionen Zuschauer verfolgten die TV-Premiere – was einem Marktanteil von 33,5 % entsprach. Mit anderen Worten: Jeder dritte deutsche TV-Zuschauer war bei der Tatort-Folge Nummer 883 dabei.

Zur Handlung: Am Morgen nachdem die chinesische Künstlerin und Prinzessin Songma die Ausstellung ihrer Werke im Westfälischen Landesmuseum gefeiert hat, wird sie tot in der Rechtsmedizin der Universität Münster aufgefunden. Nicht weit von ihr liegt Boerne bewusstlos auf dem Boden. Mittels einer Blutprobe werden Drogenspuren in seinem Blut nachgewiesen. Boerne kommt in Untersuchungshaft, obwohl Thiel von dessen Unschuld überzeugt ist.

Boerne hatte die hübsche Chinesin am Rande der Vernissage kennengelernt. Die beiden hatten sich auf Anhieb gut verstanden und er wollte ihr seinen

Arbeitsplatz in der Rechtsmedizin zeigen. An mehr kann sich Boerne nicht erinnern. Gemäß Kurator Jürgen Martin wurde die Künstlerin vom chinesischen Geheimdienst überwacht. Was auf ein politisches Motiv schließen lassen könnte. Zumal die Künstlerin eine Pressekonferenz plante, in der sie sich zur Situation einer unterdrückten Minderheit in China äußern wollte. Aber dazu kam Songma nicht mehr …

Regie: Lars Jessen
Buch: Orkun Ertener
Kamera: Jana Marsik
Musik: Stefan Wulff
Erstausstrahlung: 20. Oktober 2013

Der Hammer

Die Tatort-Folge 907 markiert das „Silberjubiläum" für Boerne und Thiel, die ihren 25. Fall vor den Augen von rekordverdächtigen 12,78 Millionen Zuschauern bei der Erstausstrahlung lösten. Dies entsprach einem Marktanteil von 35 %.

Tatort-Szene aus „Der Hammer" © WDR

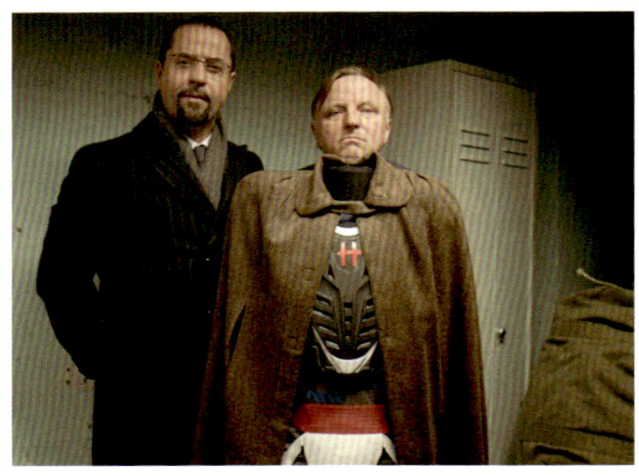

Zur Handlung: Bauunternehmer Wolfgang Öhrie stürzt aus dem Fenster auf die Straße und landet genau vor einem Bus. Boerne ist schnell sicher, dass Öhrie schon vorher tot war und vermutlich mit einem Hammer erschlagen wurde. Der Bauunternehmer war federführend in den Bau der umstrittenen Waikikioase involviert. Zahlreiche aufgebrachte Bürger, die ihren Unmut auch lautstark kundtun, sind davon überzeugt, dass hier kein Wellness- und Erlebnisbad entstehen soll, sondern ein Bordell. Dabei werden die Ermittler vor allem auf Baugegner Gunnar Roth aufmerksam.

Wenig später wird in einem Parkhaus der Zuhälter Bruno Vogler erschlagen aufgefunden. Die Aufnahmen der Überwachungskamera zeigen einen Täter, der sich als eine Art Superheld kostümiert hat und sein zweites Opfer mit dem Hammer erschlug. Unterdessen mehren sich die Anzeichen, dass der Maskierte wieder zuschlagen wird. Ein Wettlauf mit der Zeit beginnt …

Regie: Lars Kraume
Buch: Lars Kraume
Kamera: Jens Harant
Musik: Christoph M. Kaiser, Julian Maas
Erstausstrahlung: 13. April 2014

Mord ist die beste Medizin

Mit der 26. Folge setzten die Münsteraner Quotenkönige zuschauermäßig noch mal einen drauf. Die Tatort-Folge 917 sahen bei der Erstausstrahlung sensationelle 13,13 Millionen Zuschauer. Das entsprach einem Marktanteil von 36,7 %.

Tatort-Szene aus „Mord ist die beste Medizin" © WDR

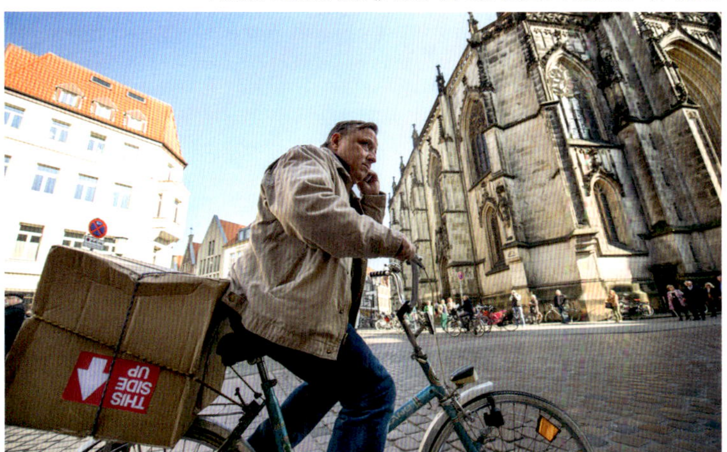

Zur Handlung: Im Botanischen Garten wird Andreas Hölzenbein, Pharmazeut der Uniklinik, mit einer Spritze getötet. Eigentlich sollte das Ganze wie ein Herzinfarkt aussehen, doch eine Zehnjährige wird zufällig Zeugin des Mordes. Sie hat den Täter zwar nicht erkannt, ist aber sicher, diesen anhand seiner Stimme identifizieren zu können. Die Ermittlungen gestalten sich zunächst schwierig, da bei der Obduktion weder Spuren eines Giftes noch eines Herzversagens gefunden werden, sodass die Todesursache erst einmal unklar bleibt.

Unterdessen ist Boerne nach einer Eigendiagnose überzeugt, einen Leberschaden zu haben, und lässt sich zwecks weiterer Untersuchungen in die Sanusklinik einliefern. In eben dieses Krankenhaus hatte der Krankenwagen den ermordeten Hölzenbein gebracht. Während Boerne quasi vom Krankenbett aus ermittelt, gerät er selbst in tödliche Gefahr. Denn mehr und mehr wird deutlich, dass das Verbrechen mit Medikamentenpfusch und Experimenten an Patienten zu tun hat.

Regie: Thomas Jauch
Buch: Dorothee Schön
Kamera: Rodja Kükenthal
Musik: Stephan Massimo
Erstausstrahlung: 21. September 2014

Erkläre Chimäre

Die 27. Folge der Tatort-Reihe aus Münster avancierte einmal mehr zum Quotenbringer: 13,01 Millionen Zuschauern sahen die Erstausstrahlung, was einem Marktanteil von 37,2 % entsprach.

Zur Handlung: Was hat es mit dem Hochzeitsfoto von Kommissar Thiel und Professor Boerne auf sich? Und warum wurde der junge Südamerikaner Luis Bênção in einer Münsteraner Schlachterei ermordet?

Eine Weinhandlung in der Nähe von Münster ist zunächst die einzige Spur. Hierhin hatte sich der 25-jährige Bênção am Tag vor seinem Tod mit dem Taxi bringen lassen. Jetzt wurde er ermordet in einer alten Schlachterei aufgefunden. Thiel und seine Kollegin Nadeshda Krusenstern, die gerade zur Kommissarin befördert wurde, übernehmen die Ermittlungen.

Bei Professor Boerne hat sich derweil Besuch aus Übersee angekündigt. Sein Erbonkel Gustav von Elst aus Florida kommt nach Münster. Als er durch einen Zufall vom Mord an Luis Bênção erfährt, ist er geschockt: Offensichtlich hatte er eine Affäre mit dem jungen Südamerikaner. Weiß er, wer ein Motiv für den Mord an seinem Liebhaber gehabt haben könnte? Offensichtlich hatte Luiz der Weinhandlung Schosser in Gustavs Namen eine Kiste mit wertvollem Champagner zum Kauf angeboten ...

Regie: Kaspar Heidelbach
Buch: Stefan Canz, Jan Hinter
Kamera: Achim Poulheim
Musik: Arno Steffen
Erstausstrahlung: 31. Mai 2015

Schwanensee

Die 28. Folge der Tatort-Reihe aus Münster setzte zu einem neuen Höhenflug an, denn „Schwanensee" wurde 2015 mit 13,69 Millionen Zuschauern und einem Marktanteil von 35,5 % die meistgesehene Sendung des Jahres im deutschen Fernsehen! Die Tatort-Folge 961 schrieb damit ein weiteres, bemerkenswertes Stück Fernsehgeschichte.

Zur Handlung: Boerne ist auf dem Weg in den Urlaub. Doch noch befindet er sich in der Testphase, nämlich in voller Tauchermontur mitten in seinem Wohnzimmer, als im Therapiezentrum „Schwanensee" die Leiche von Mona Lux gefunden wird – auf dem Grund des hauseigenen Schwimmbades und mit Gewichten beschwert. Andreas Kullmann (Robert Gwisdek), der wie jeden Morgen dort seine Bahnen gezogen hat, will die Tote nicht bemerkt haben. Schwer vorstellbar, findet Kommissar Frank Thiel.

Aber „Schwanensee" ist eine psychiatrische Einrichtung und Kullmann Autist. Der Kreis der Verdächtigen ist zwar klein, die Situation aber unübersichtlich. Als

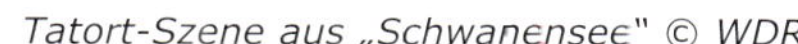

Tatort-Szene aus „Schwanensee" © WDR

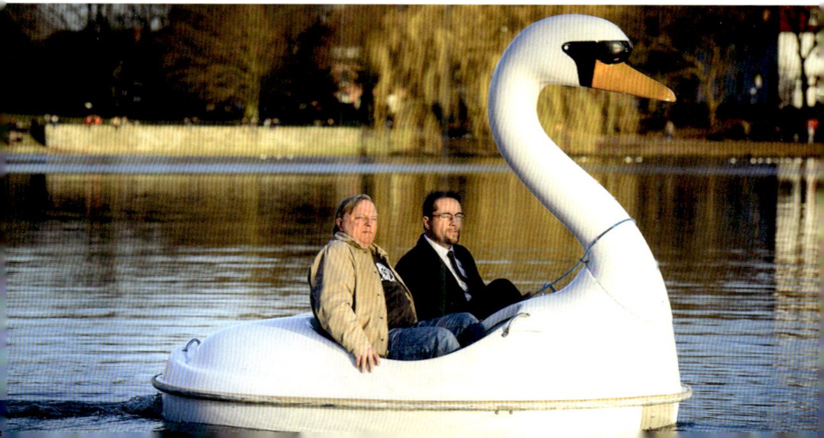

Alberich im Blut der Toten ein starkes Narkotikum findet, verzichtet Boerne selbstredend auf seinen Urlaub: Wie soll dieser Fall ohne seine Hilfe gelöst werden? Eigenmächtig mischt er sich als Therapeut unter die Schwanensee-Patienten. Doch über die Tote findet er dabei ebenso wenig heraus wie die Kommissare Thiel und Nadeshda Krusenstern.

Mona Lux hatte keine Angehörigen, keine Adresse und hieß vielleicht nicht einmal Mona Lux. Aber sie hatte eine Beziehung zum Restaurantbesitzer Alberto DiSarto, gegen den wegen schweren Steuerbetruges ermittelt wird. Und Nadeshda Krusenstern wird das Gefühl nicht los, Mona Lux früher schon einmal gesehen zu haben ...

Regie: André Erkau
Buch: André Erkau, Christoph Silber, Thorsten Wettcke
Kamera: Gunnar Fuss
Erstausstrahlung: 8. November 2015

Ein Fuß kommt selten allein

Als Tatort-Folge 986, die ursprünglich den Arbeitstitel „Fußpilz" trug, lockte „Ein Fuß kommt selten allein" bei der Erstausstrahlung 12,69 Millionen vor die TV-Bildschirme, was einem Marktanteil von 37,1 % entsprach.

Zur Handlung: Forstarbeiter entdecken im Wolbecker Wald die Überreste der Leiche einer Frau, die bereits einige Jahre dort liegen dürfte. Bei der Toten handelt es sich laut Obduktion um die Tänzerin Elmira Dumbrowa, die vor zwei Jahren spurlos verschwunden war. Daher konzentriert sich die Ermittlungsarbeit zunächst auf Elmiras Tanzschule, in der Boerne und Klemm gemeinsam Tango tanzen.

Die tote Tänzerin gehörte zur Lateinformation des Vereins. Ihre ehemaligen Tanzpartner sind geschockt von der Nachricht, dass die junge Moldawierin ermordet wurde. Zwei von ihnen trifft es ganz besonders: Marie wohnte mit Elmira zusammen, Jonas war in die Tänzerin verliebt. Doch zum Trauern bleibt ihnen keine Zeit. Sie stehen kurz vor einem wichtigen Wettkampf, der sie in die Spitzenklasse des deutschen Tanzsports katapultieren könnte. Vereinspräsident Dr. Winfried Steul (Thomas Heinze) und Trainer Andreas Roth (Max von Pufendorf) treiben ihr Team mit Nachdruck an. Da wird im Wald in der Nähe des Tatorts ein abgetrennter Männerfuß gefunden. Thiel und Boerne fragen sich: Geht es hier nun um einen Doppelmord. Währenddessen wird Alberich – sehr zum Verdruss des neidischen Boerne – das Bundesverdienstkreuz verliehen ...

Regie: Thomas Jauch
Buch: Stefan Cantz, Jan Hinter
Kamera: Clemens Messow
Musik: Karim Sebastian Elias
Erstausstrahlung: 8. Mai 2016

Feierstunde

Der Name für die Jubiläumsfolge, die mittlerweile 30. aus Münster, war passend gewählt. Und den 30. Geburtstag wollten 13,31 Millionen Menschen am Fernseher mitfeiern. Das entspricht einem Marktanteil von sagenhaften 38,1 % für den Tatort Nummer 994. Irgendwie scheint für Boerne und Thiel mit Blick auf die Einschaltquoten der englische Spruch „the sky is the limit" zuzutreffen.

Tatort-Szene aus „Feierstunde" © *WDR*

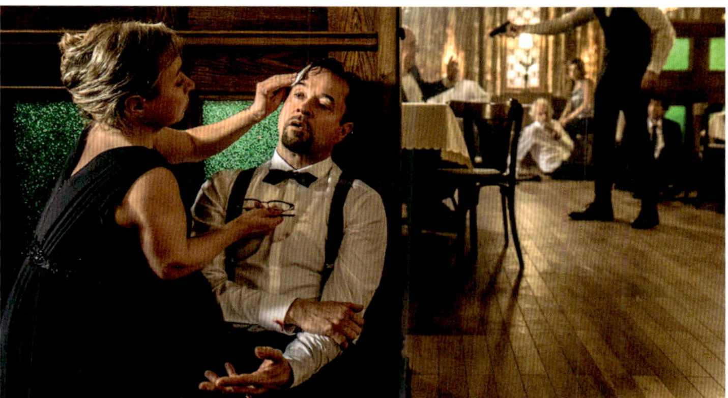

Zur Handlung: Professor Harald Götz forscht seit Jahren nach einem Medikament für seine an ALS erkrankte Frau Martina. Er hofft verzweifelt, Fördermittel generieren zu können, doch die hat sich Boerne für ein Forschungsprojekt an Mumien gesichert. Kurz darauf nimmt sich die Frau von Götz mit einer Waffe aus dem Darknet das Leben. In einer Sitzung bei seiner Psychotherapeutin Dr. Corinna Adam spricht Götz offen über seine Rachegelüste gegenüber Boerne. Als Boerne seinen Erfolg in einem Restaurant mit Kollegen feiert, sucht der bewaffnete Götz die Veranstaltung auf und nimmt die Anwesenden als Geiseln. Boerne verabreicht er heimlich durch vergiftetes Essen eine Substanz, welche die Symptome von ALS simulieren und so die Auswirkungen der Krankheit demonstrieren soll. Tatsächlich leidet Boerne nach einiger Zeit unter massiven Lähmungserscheinungen.

Götz erschießt eine Geisel, die sich absetzen will, und verschanzt sich mit den anderen im Gastraum. Alberich hat mittlerweile erfahren, dass Boerne sich wegen geplanter Budgetstreichungen um die Fördermittel bemüht hat, um ihre Planstelle und damit sie als seine Mitarbeiterin nicht zu verlieren. Als sie die Feier aufsucht, um sich zu bedanken, gerät sie ebenfalls in die Gewalt des Geiselnehmers.

Götz bietet den Geiseln an, sie freizulassen, wenn sie Boerne im Gegenzug umbringen. Einige der Ärzte denken ernsthaft über das Angebot von Götz nach. Doch Alberich stellt sich vor ihren hilflosen Chef. Währenddessen steht die Polizei kurz vor dem Zugriff mit einem SEK, um die Geiselnahme zu beenden, doch Thiel bricht den Einsatz ab, da seine Assistentin Krusenstern im Labor von Götz Hinweise findet, dass Götz in der Gaststätte ein Virus freigesetzt hat. Thiel fordert daraufhin ein Seuchenschutzkommando an ...

Regie: Lars Jessen
Buch: Elke Schuch
Kamera: Rodja Kükenthal
Musik: Stefan Wulff und Hinrich Dageför
Erstausstrahlung: 25. September 2016

Fangschuss

Der 31. Fall des Ermittlerduos Thiel und Boerne brach alle Rekorde. 14,56 Millionen Zuschauer waren live bei der Erstausstrahlung des Tatorts Nummer 1.017 dabei. Dies entspricht einem Marktanteil von sensationellen 39,6 %. Damit rangiert der Tatort aus Münster in der „ewigen Tatort-Bestenliste" seit Beginn der Quotenerfassung im Jahr 1991 auf Rang 5. Rekordhalter mit 42,9 % bleibt die Folge 265 „Tod eines Wachmanns" mit Martin Lüttge als Kommissar Flemming aus dem Jahre 1992.

Kleine Randnotiz: Während der Dreharbeiten wurden Axel Prahl und Jan Josef Liefers vom Fernsehteam von „Verstehen Sie Spaß" auf die Schippe genommen. Moderator Guido Cantz wurde als Leiche am Set der Pathologie eingeschleust und sorgte immer wieder für Unterbrechungen und Chaos. Wobei sich Prahl und Liefers erstaunlicherweise kaum aus der Ruhe bringen ließen. Im Gegenteil, ihre spontanen Kommentare zeugen von Humor und erheiterter Eleganz ...

Und noch eine Randnotiz: Claus Dieter Clausnitzer, der normalerweise Thiels Vater Herbert spielt, tritt in dieser Episode nicht auf. Das Drehbuch erklärt seine Abwesenheit mit einem Aufenthalt in Goa.

Zur Handlung: Hat sich IT-Experte Sebastian Sandberg wirklich selbst von seinem Balkon gestürzt? Die Kommissare Frank Thiel und Nadeshda Krusenstern nehmen die Ermittlungen auf. Hinweise auf einen Mord finden Professor Boerne und Silke „Alberich" Haller in der Rechtsmedizin auf Anhieb nicht. Aber in der Wohnung des Toten gibt es Hinweise auf einen Einbruch ...

Frank Thiel will unterdessen endlich mal ins Fitness-Studio, da meldet sich Kollegin Krusenstern mit einem dringenden Einsatz. Ausgerechnet in diesem Augenblick steht auch noch eine fremde junge Frau vor der Wohnungstür des Kommissars: Leila Wagner behauptet, Thiels Tochter zu sein. Aber das muss warten. Genauso wie die Vorbereitungen von Boerne auf die mündliche Jagdprüfung – der Professor will nämlich künftig dem Wild in den Wäldern des Münsterlandes nachstellen. Doch erst ist seine Expertise als Rechtsmediziner gefragt. Denn der IT-Experte bleibt nicht das einzige Mordopfer: In einem Gehöft vor den Toren der Stadt wird der Journalist Jens Offergeld, der auch als Vater von Leila in Frage kommt, leblos aufgefunden. Er war bundesweit bekannt für seine hartnäckigen Recherchen – und nahm für seine neueste Story gerade einen einheimischen Futtermittelbetrieb unter die Lupe.

Wäre all das nicht bereits Stress genug, plagen den Professor Sorgen um seine lichter werdende Haarpracht. Androgenetische Alopezie – der anlagenbedingte Haarausfall –, so lautet Professor Boernes Diagnose zu seinem großen Leidwesen ...

Regie: Buddy Giovinazzo
Buch: Stefan Canz, Jan Hinter
Kamera: Kay Gauditz
Musik: Günther Illi
Erstausstrahlung: 2. April 2017

Gott ist auch nur ein Mensch

Die Dreharbeiten für die 32. Folge des Münsteraner Tatorts fanden im Juni und Juli 2017 statt. Bei der Erstausstrahlung am 19. November 2017 vermochte der Film nicht an die Sensationsquote von „Fangschuss" anknüpfen, lockte aber immerhin stolze 12,89 Millionen Zuschauer vor die Bildschirme, was einer Quote von 34 % entsprach.

Zur Handlung: Die Kunstwelt schaut auf Münster und der Skandal ist perfekt. Kurz vor der Eröffnung der internationalen Skulptur-Tage sorgt das vermeintlich neue Werk des Aktionskünstlers „G.O.D." (Aleksandar Jovanovic) für großes Aufsehen: Bei der Clownsfigur vor dem Rathaus handelt es sich um eine Leiche! Schnell finden Kommissar Frank Thiel und seine Kollegin Nadeschda Krusenstern heraus, dass es sich bei dem Toten um einen ehemaligen Münsteraner Stadtrat handelt, der vor einiger Zeit vom Vorwurf der Unzucht mit Minderjährigen freigesprochen wurde.

Bei der Obduktion entdecken Professor Karl-Friedrich Boerne und seine Assistentin Alberich, dass im Körper der Leiche ein USB-Stick versteckt ist. Und auf diesem findet sich der Beweis für die Schuld des ehemaligen Lokalpolitikers. Hat hier jemand Rache an einem zu Unrecht freigesprochenen Kriminellen genommen? Doch warum hat der Täter die Leiche zu einer Skulptur umgewandelt? Noch bevor Kommissar Thiel einen ersten Fahndungserfolg verbuchen kann, gibt es einen zweiten Toten, auch dieses Mal kunstvoll präpariert und präsentiert ...

Regie: Lars Jessen
Buch: Christoph Silber, Thorsten Wettcke
Kamera: Rodja Kükenthal
Musik: Stefan Wulff, Hinrich Dageför
Erstausstrahlung: 19. November 2017

Schlangengrube

Die 1.060 Tatort-Episode, die ursprünglich „Affentheater" heißen sollte, ist zugleich der 33. Fall des Ermittlerduos Boerne und Thiel. Fast schon müßig zu erwähnen, dass „Schlangengrube" einmal mehr einen Rekord verzeichnete. Denn mit 12 Millionen Zuschauern, was einem Marktanteil von 37,8 % entsprach, avancierte der Tatort bei seiner Erstausstrahlung gleich zum erfolgreichsten „Fadenkreuzkrimi" des Jahres.

Zur Handlung: Kommissar Thiel und Professor Boerne untersuchen diesmal den Todesfall einer gewissen Patrizia Merkens, der sich in unmittelbarer Nachbarschaft von Staatsanwältin Wilhelmine Klemm ereignete. Mit dieser lag das Todesopfer im Dauerclinch. Die schwer kranke Merkens ließ ihre geliebten Katzen immer wieder frei im Haus herumlaufen und zum dritten Mal binnen einer Woche urinierte einer der Stubentiger ins Haus – ausgerechnet auf dem Teppich der Staatsanwältin! Auch der Ausbau einer Terrasse war ein großer Zankapfel zwischen den beiden Frauen.

Tatortszene aus „Schlangengrube" © WDR

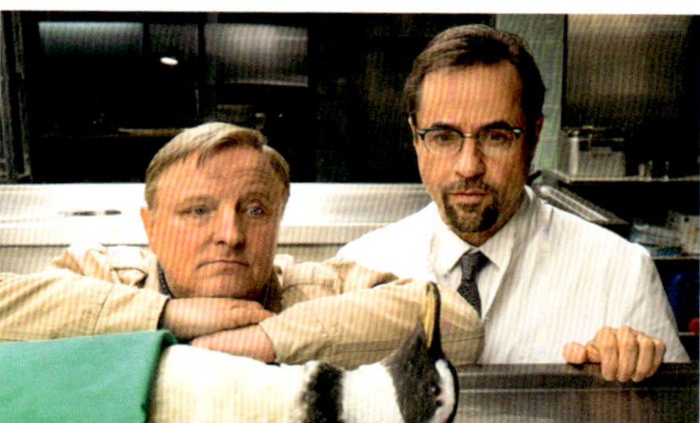

Gemäß Boernes erster Untersuchung erlitt das Opfer einen Genickbruch. Auch ein ausgekugelter Oberarm sowie Verletzungen am Hinterkopf deuten möglicherweise auf einen Sturz auf der Wohnungstreppe hin. Bei der genaueren Untersuchung in der Pathologie entdeckt der Rechtsmediziner merkwürdige Einstiche rund um den Bauchnabel, sodass eine toxikologische Untersuchung veranlasst wird. Deren Ergebnisse lassen aber einige Zeit auf sich warten.

In der Zwischenzeit drängt sich die Frage auf, ob die renommierte Münsteraner Staatsanwältin tatsächlich etwas mit dem Tod ihrer Nachbarin zu tun haben könnte. Wilhelmine Klemms Widersacherin im Amt, Staatsanwältin Ungewitter (Tessa Mittelstaedt), mag das nicht ausschließen. Und so ermitteln die Kommissare Frank Thiel und Nadeshda Krusenstern in alle Richtungen – eben auch gegen Wilhelmine Klemm. Ihre Spurensuche führt sie unter anderem in den Münsteraner Zoo. Hier war die, dem Vernehmen nach, menschenscheue Patrizia Merkens offensichtlich Dauergast.

Den Rechtsmediziner Professor Boerne hat derweil das Kochfieber befallen, denn kein Geringerer als der Gourmet und Medienproduzent Dr. Richard Stockmann (Robert Hunger-Bühler) gibt dem Rechtsmediziner die Chance zu einer Zweitkarriere als Fernsehkoch. Kommissar Thiel wollte eigentlich urlauben und hatte einen Fahrradtrip mit „Vaddern" nach Amsterdam geplant. Doch Herbert Thiel klagt – nach einem Gespräch mit Klemm – plötzlich über Fußschmerzen, sodass Thiel wider Erwarten doch Zeit hat, den Mordfall zu untersuchen. Und so findet sich der Kommissar plötzlich sogar als Tierpfleger im Zoo wieder ...

Regie: Samira Radsi
Buch: Stefan Cantz, Jan Hinter
Kamera: Stefan Unterberger
Musik: Olaf Didolff
Erstausstrahlung: 27. Mai 2018

Tatort-Drehorte in Münster

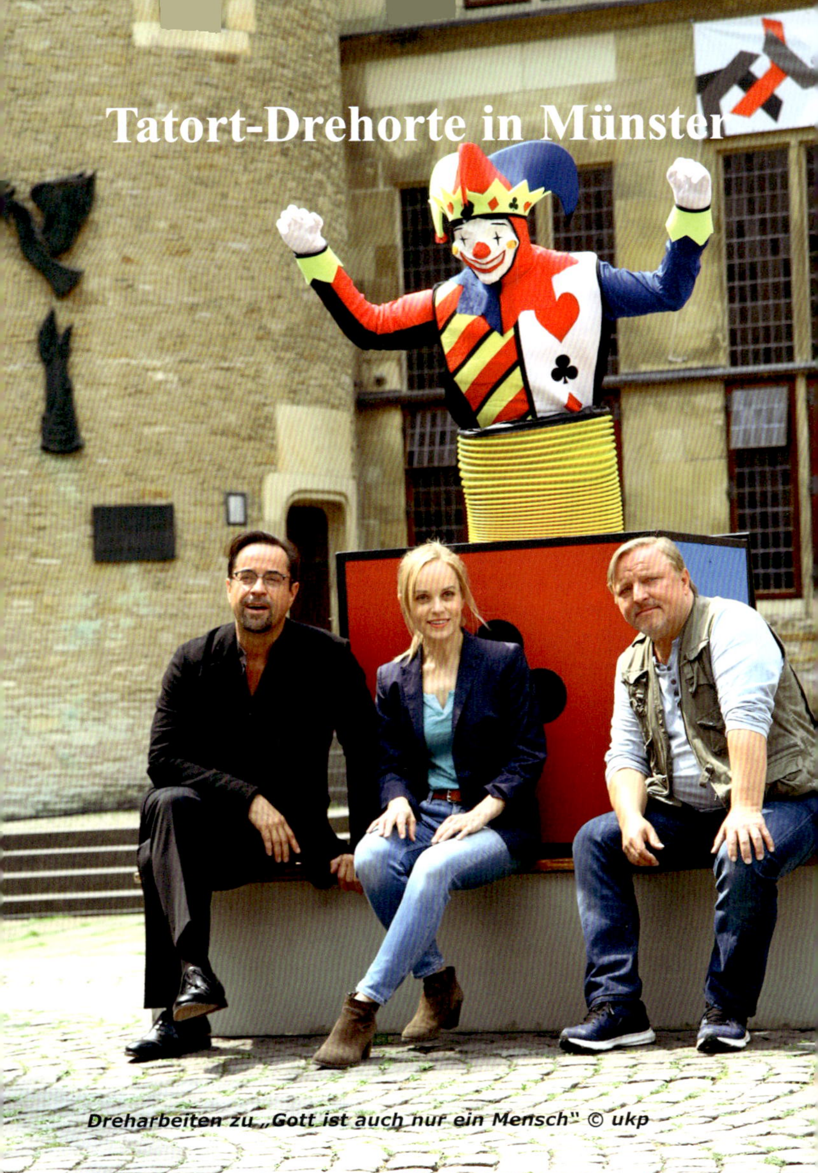

Dreharbeiten zu „Gott ist auch nur ein Mensch" © ukp

Ein Tatort-Drehtag in Münster

Ein Pressetermin am Drehort für den Tatort Münster „Erkläre Chimäre" (☞ Seite 64) am 5. November 2014 um 12:30 an der Paul-Gerhard-Realschule, Jüdefelder Straße, in der Münsteraner Innenstadt:

Klar, wenn die Tatort-Crew ausgerechnet auf dem Pausenhof einer Schule ihr Lager aufschlägt, dann sind Schülerhorden – oder sagen wir besser: Massen an nachwachsenden Tatort-Fans der nächsten Generation – nicht fern.

An diesem klaren Novembermorgen erinnert der Schulhof der Realschule wirklich ein wenig an ein Lager. Jede Menge Flatterband, rechts steht ein silbrig glänzender Catering-Caravan, wie man ihn aus amerikanischen Spielfilmen kennt. Die Seitenluke ist aufgeklappt, Stehtische, alte Requisiten als Absperrung und Deko gleichermaßen sind aufgestellt. Musik dudelt. Daneben stehen zwei offene Partyzelte mit Holzbänken und -tischen, an denen sich zwei baumlange Polizisten lümmeln. „Komparsen" hat jemand mit Edding auf ein Schild gekritzelt.

Rund 20 Schüler stürmen mit dem Erklingen der Pausenglocke auf die zwei Pseudo-Polizisten zu und bitten, mit dem Smartphone ein Selfie mit den „Promis" machen zu dürfen. „Aber wir sind doch gar nicht berühmt!", lacht einer von ihnen und lässt sich dann aber geduldig mit jedem Knirps knipsen. Als einer der elfjährigen Schüler ruft: „Ich bin von der Schülerzeitung!", wird er spontan von beiden Komparsen auf den Arm genommen und für ein Foto hochgehalten.

Plötzlich Unruhe, Kameras klicken, alle schauen um die Ecke, wo drei große Lkw-Auflieger und ein Wohnwagen aufgestellt worden sind.

Erst ist der Grund für so viel Unruhe gar nicht zu erkennen, dann macht man als Zentrum des Gewusels aber Axel Prahl aus – der, kaum größer als die Schulkinder, ein Bad in der Menge nimmt und geduldig ein Autogramm nach dem anderen auf hastig herausgerissenes Karopapier schreibt. Nach rund zehn Minuten zieht ihn Produzentin Sonja Goslicki in Richtung Caravan: „Maske wartet!"

Auch Jan Josef Liefers lässt es sich nicht nehmen und nimmt Platz auf einer Holzbank. Ruckzuck ist auch er eingekreist und auf Tuchfühlung mit rund drei Dutzend Pennälern. Auch er ist nett, freundlich, geduldig: „Ob ich Gladbach-Fan bin?", fragt er ungläubig einen kleinen Jungen auf dessen Frage zurück. Und: „Wie kommst du darauf?", fragt er ehrlich interessiert weiter. Die Antwort des Jungen geht im allgemeinen Gemurmel unter, dann Liefers: „Ich wohne doch in Berlin und da ist man natürlich einem Berliner Verein verpflichtet ..."

Axel Prahl erlaubt sich einen Spaß und guckt von der obersten Stufe seines Caravans, in dem auch seine Maske vollendet wird, durch den Türspalt, zückt seine Handykamera und macht grinsend Fotos von seinem berühmten Kollegen, der von seinen jugendlichen Fans dicht umringt ist.

Dann verschwindet der beliebte Schauspieler in seinem Wohnwagen, neben dessen Tür ein handgeschriebener Zettel pinnt: „Boerne" steht drauf und ein Spaßvogel hat unter das O zwei Ö-Punkte gemalt. Als dann ein weinendes Mädchen mit Federmäppchen an den Bauch gepresst vor der Tür steht, weil sie kein Autogramm mehr bekommen hat, fasst sich Liefers erst ein und dann ans Herz: „Wegen mir soll kein Fräulein weinen", sagt er schmunzelnd.

Autogrammstunde mit Jan Josef Liefers © ukp

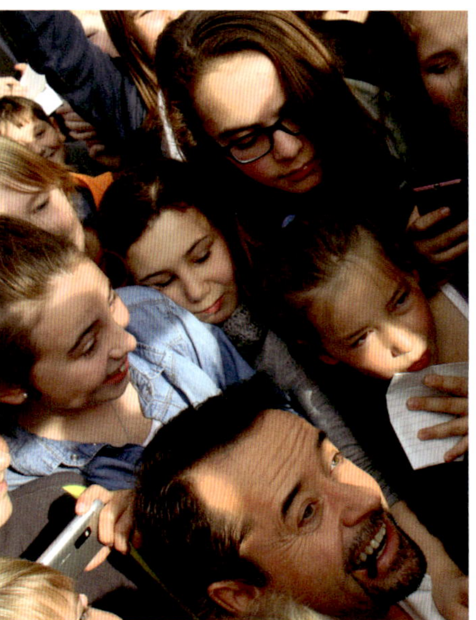

Produzentin Sonja Goslicki kann dagegen ziemlich ungestört zwischen Catering und Produktionsbüro hin- und hergehen. Zwar sticht sie mit ihren knallroten Haaren schnell ins Auge – ist aber der Allgemeinheit bei Weitem nicht so bekannt wie die beiden Tatort-Stars. Dann steigen beide Hauptdarsteller in einen schwarzen VW-Bus mit verdunkelten Scheiben und es geht damit (wohl auch, damit die Lackschuhe nicht verkratzen) ab zum Set. Die Pressemeute folgt zu Fuß. Es ist ein Fototermin für die Folge „Erkläre Chimäre" angesetzt.

Es geht vorbei am Antiquariat, das für Wilsbergs Buchladen als Setting herhält. Schnell ist mit dem Spiekerhof der Drehort erreicht.

Prahl und Liefers ist nicht ganz wohl in ihrer Haut – sie drehen den rund zwei Dutzend Fotografen zunächst einmal schmökend und demonstrativ den Rücken zu. Zu viel Blitzlichtgewitter kann sicher auch gehörig auf die Nerven gehen, zumal kaum ein Kollege auch ein freundliches Wort der Begrüßung herausbringt.

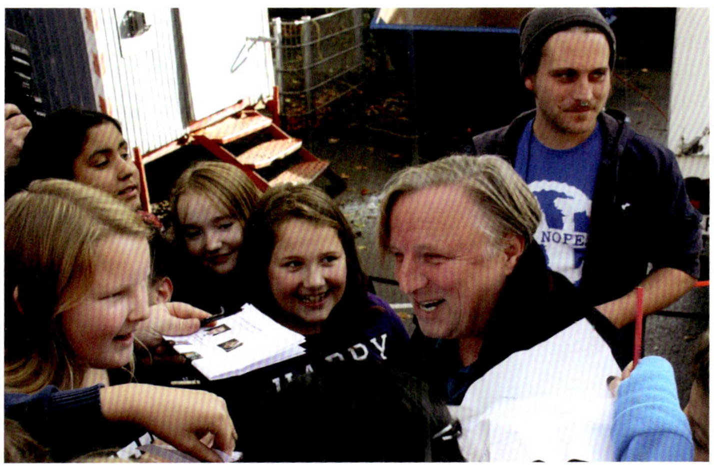

Autogrammstunde mit Axel Prahl © ukp

Sie stellen sich bereitwillig auf, als der Fototermin beginnt, und lächeln freundlich und professionell, während sie gemeinsam mit „Vaddern" an die Motorhaube „seines" Taxis gelehnt stehen.

Claus D. Clausnitzer, der Darsteller von Thiels Vater, steht selbst nicht ganz so im Rampenlicht wie seine Schauspielerkollegen. Geduldig beantwortet er Radioanfragen und setzt sich in Fotoposition, bis Regisseur Kaspar Heicelbach ihn an den Set ruft. „Aufnahme! Ruhe bitte!", schallt es vom Tontechniker.

Vaddern alias Herbert Thiel stürmt auf einen am Boden liegenden Stiefel zu und blickt geschockt über ein Brückengeländer. Die Kamera fährt dabei langsam auf einer Schiene auf ihn zu und fängt seinen geschockten Blick ein. „Klappe! Danke!" – die Aufnahme ist im Kasten.

Prahl und Liefers halten noch einmal brav für die Fotografen vor der Kulisse der Münsteraner Altstadt still und kneifen sich im Nebeneinanderstehen gegenseitig in den Hintern. Man kennt sich, man schätzt sich, man scherzt miteinander. Die Fotografen freuen sich über die gut gelaunten Modelle und nicht zuletzt freuen sich die Münsteraner Passanten. Jeder darf sein Handy für einen Schnappschuss mit dem Promi zücken, geduldig dreht sich Liefers allen Wartenden kurz zu.

Die Straße am Spiekerhof, in der gedreht wird, wurde übrigens nicht für den Straßenverkehr gesperrt. Die wenigen Autos und vielen Radfahrer und Passanten werden kurz gebeten, anzuhalten, wenn gerade gedreht wird. Gelassen schieben die Radler ihre Drahtesel anschließend an Kameras, Requisiten und Lichtschirmen vorbei. Viele von ihnen mit einem wissenden und stolzen Lächeln im Gesicht. Man mag seine Stadt und ist stolz darauf, dass die Gassen und Altstadt-Ensembles als Filmkulisse ausgewählt wurden.

Eine resolute Endfünfzigerin schiebt sich vor – im Schlepptau ein „Herzenswunsch-Kind", das mit Liefers fotografiert werden möchte.

„Ah, komm, wir machen ein Bild nur für dich allein", strahlt Liefers das schüchterne Mädchen an. Eine Filmassistentin legt ihm derweil besorgt einen Mantel über die Schultern. Aber ihm ist an diesem Herbsttag im obligatorischen Anzug mit Bauchbinde wohl warm genug – er winkt dankend ab.

Zahlreiche Fragen prasseln von allen Seiten aus dem Gewusel auf die beliebten Hauptdarsteller ein. Ob sie Münster mögen? „Ja", erklärt „Jan", wie ihn die Filmcrew nennt, „die Menschen hier sind sehr freundlich und höflich. In Köln kann es Ihnen passieren, dass alle genervt sind, nur weil eine Straße für einen Dreh gesperrt ist."

Schließlich ruft ein jugendlicher Hüne: „Jan! Axel! Mittagessen!", und beide Protagonisten verschwinden wieder im Van mit den abgedunkelten Scheiben. Nach so viel Rummel, bei dem alle Blicke auf sie, aber kaum ein persönliches Wort an beide gerichtet wurde, hält wohl auch für die beiden ein Mahl Leib und Seele am zuverlässigsten zusammen.

Die Produktion für den Münster-Tatort „Erkläre Chimäre" (☞ Seite 64), der am 31. Mai 2015 ausgestrahlt wurde, fand in Münster, Köln und Umgebung im Zeitraum vom 15. Oktober bis zum 14. November 2014 statt.

Tatort-Drehorte in Münster

Tour 1: Münster auf die geballte Tatort-Tour

Gleich 17 Schauplätze, die in der einen oder anderen Tatort-Folge vorkommen, können auf dieser kurzen Rundwanderung entdeckt werden. Zu den markantesten Blickfängen, die wiederkehrend im Tatort vorkommen, zählt der Ausgangspunkt der Tour, der Prinzipalmarkt. Hier geht es zum hübschen historischen Rathaus, zum Stadthausturm und vorbei an der Lambertikirche – ebenfalls alles „Tatort-Spielort-Klassiker". Nach zahlreichen weiteren Orten, die ebenfalls als Kulisse dienten, wie Großer Kiepenkerl und Kleiner Kiepenkerl, dem Spiekerhof, der Liebfrauenkirche, der Diözesanbibliothek, dem Schloss, dem Bibelmuseum, dem

LWL-Museum für Kunst und Kultur und dem Bankhaus Lampe ist dann der fotogene Prinzipalmarkt nach 2,6 km wieder erreicht.

↻ Start/Ziel: Prinzipalmarkt vor dem historischen Rathaus

➲ 2,6 km

⌛ 1 Std.

🚌 Die Bushaltestelle Prinzipalmarkt ist sehr gut angebunden mit den Linien 1 und 9.

P Parkmöglichkeiten u. a. im Parkhaus Münster Arkaden, Parkhaus Stubengasse und Parkhaus Alter Steinweg (alle kostenpflichtig)

Auf den Spuren von Thiel und Boerne gibt es in Münster viel zu entdecken. Natürlich werden dabei auch immer wieder die markantesten Gebäude und Plätze der westfälischen Metropole ins Bild gerückt. Fast immer fahren oder gehen Boerne und Thiel beispielsweise über den **1 Prinzipalmarkt** (☞ Seite 78, 16), wo diese Tour beginnt.

Hier befindet sich – zumindest in den Tatort-Filmen – auch jener Geldautomat, der Thiel in der einen oder anderen Folge zur Verzweiflung bringt. Denn regelmäßig versucht der Kommissar hier vergeblich, Geld abzuheben.

Auch sonst wird mit Blick auf den Prinzipalmarkt schon mal ein leicht falsches Bild vermittelt: In der Folge „Der Fluch der Mumie" (☞ Seite 53) fährt beispielsweise Nadeshda mit Kommissar Thiel über den Prinzipalmarkt, obwohl dieser in Wirklichkeit nur für Busse, Taxis und Lieferverkehr freigegeben ist. Und zu Beginn von „Fakten, Fakten" (☞ Seite 34) ist hier ein Pizzabote auf seinem Motorrad unterwegs, um Professor Bernhard Dreiden seine Bestellung zu

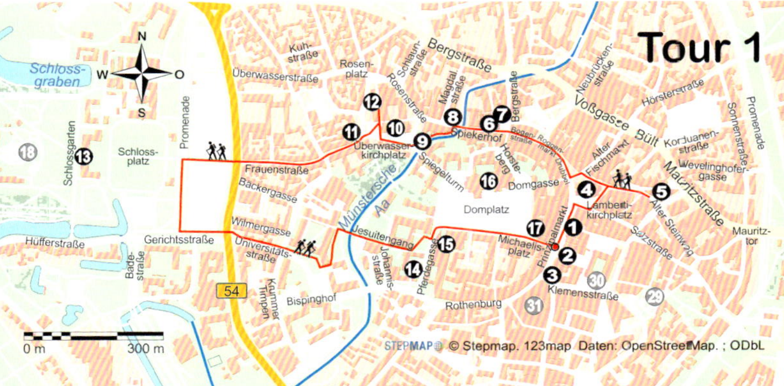

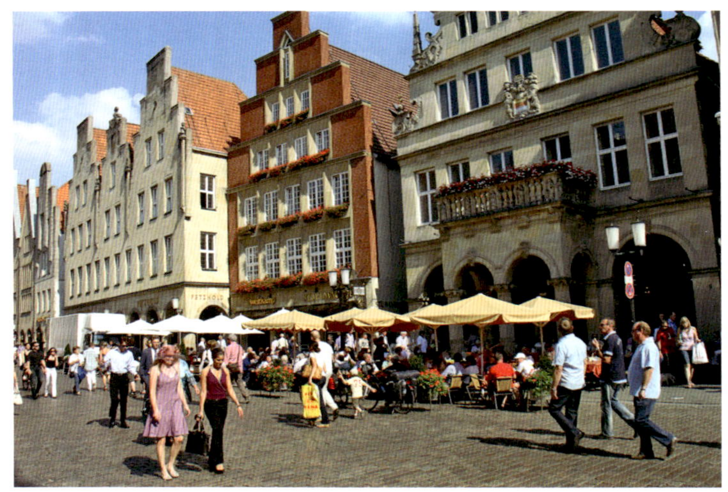

Prinzipalmarkt © ktr

bringen. Später fahren dann Boerne und Thiel über den nächtlichen Prinzipalmarkt zur Uni, um die verschwundene Juliane Kraft zu suchen.

In „Der dunkle Fleck" (☞ Seite 33) gibt es gleich zu Beginn eine prächtige Nahaufnahme des Prinzipalmarkts aus der Luft. Wenig später radelt Thiel hier mit einem übergroßen Paket unter dem Arm entlang, um zu seiner neuen Wohnung zu gelangen. In derselben Folge rast Boerne bei einer kleinen Verfolgungsjagd hinter dem gestohlenen Corolla her über den Prinzipalmarkt. Später geht Thiel mit Jennifer Müller, der Tochter der Ermordeten, diese Straße entlang und versucht ihre Beziehung zur Familie Alsfeld aufzudecken.

Über den nächtlichen Prinzipalmarkt schleicht in „Herrenabend" (☞ Seite 55) der seit Jahren tot geglaubte Rüdiger Klarbach, um heimlich die Feier von „Kartoffelkaiser" Hans Lüdinghaus durch ein Fenster zu beobachten. Kurz darauf geht Staatsanwältin Klemm rauchend durch die Arkadengänge und sieht ein Auto mit dem später ermordeten Arno Berger wegfahren. Später verfolgt Nadeshda hier den Zahnarzt, der die Unterlagen des für tot erklärten Rüdiger Klarbach gefälscht hat. Zudem wurde auf dem Prinzipalmarkt eine der Schlussszenen gedreht, als sich Rüdiger Klarbach in ein Taxi setzt, um zum Flughafen Schiphol in Amsterdam zu fahren.

In „Der doppelte Lott" (☞ Seite 43) findet zu Beginn eine Demonstration gegen den Bürgermeisterkandidaten Frieder Lott auf dem Prinzipalmarkt statt, bei der „Vaddern" zu den Protestlern gehört. Thiel und Staatsanwältin Klemm sind auch zugegen. Später gibt Lott hier Reportern nach dem Mord an Joachim Montell ein Interview. Außerdem ist Lott noch einmal zu sehen, wie er auf dem Prinzipalmarkt Wahlkampf macht, als ein Gegner ihn (vor dem historischen Rathaus) mit einem Ei bewirft.

Zu Beginn der Folge „Der Hammer" (☞ Seite 62) rollt der Linienbus, vor den wenig später eine Leiche geworfen wird, über den nächtlichen Prinzipalmarkt. Und in „Die chinesische Prinzessin" (☞ Seite 61) verfolgt Thiel hier den flüchtenden Yu-Tang, der im Besitz des gesuchten USB-Sticks ist. Auch in „Schlangengrube" (☞ Seite 70) flanieren Boerne und Thiel kurz über den berühmten Straßenzug.

Optisch wirkt der Prinzipalmarkt in vielen Tatort-Folgen um ein Vielfaches größer, als er wirklich ist, was daran liegt, dass mehrere kurze Szenen geschickt aneinandergereiht werden.

Tatsächlich am Prinzipalmarkt zu finden ist das historische **2 Rathaus** (☞ Seite 117) mit dem prächtigen, gotischen Stufengiebel. Dieses berühmte Wahrzeichen der Stadt fehlt als Außenansicht ebenfalls in fast keinem Tatort aus Münster. Im berühmten **Friedenssaal**, in dem 1648 das Ende des Dreißigjährigen Krieges mit dem so genannten **Westfälischen Frieden** besiegelt wurde, haben sich die Tatort-Darsteller bereits ins Goldene Buch der Stadt Münster eintragen dürfen.

Thiels vermeintliche Tochter Leila sitzt in „Fangschuss" (☞ Seite 68) auf der Treppe des historischen Rathauses und tippt auf ihrem Handy herum. Dann geht sie – ohne, dass dies irgendwie für die Handlung relevant ist – über den Prinzipalmarkt. Im Hintergrund ist dabei die Lambertikirche zu sehen.

In „Ein Fuß kommt selten allein" (☞ Seite 66) fährt Boerne mit den Speichelproben der Tänzer im Auto über den Prinzipalmarkt auf die Lambertikirche zu und wird dabei von einem Motorrad verfolgt.

In „Wolfsstunde" (☞ Seite 49) werden die Lambertikirche, das Rathaus und der Prinzipalmarkt mehrmals gezeigt, allerdings ohne jeglichen Bezug zur Handlung. Auch in „Satisfaktion" (☞ Seite 47) dient die Ansicht der Rathausfassade zweimal als ein für die Geschichte unbedeutender Platzhalter. Dieser Trick, mit dem der Münster-Bezug hergestellt werden soll, wurde auch in „Spargelzeit" (☞ Seite 54) angewandt.

„Kartoffelkaiser" Hans Lüdinghaus geht in „Hinkebeir" (☞ Seite 58) mit Geschäftsfreunden im Ratskeller essen. Der Eingangsbereich wurde hierfür geschickt in Szene gesetzt. Die Innenaufnahmen aus dem Ratskeller, der in Wirklichkeit das an das Rathaus angrenzende ✕ Restaurant „Pfefferkorn Münster" (Prinzipalmarkt 8-10, 48143 Münster, ☏ 02 51/414 00 77, 💻 http://muenster.pfefferkorn-restaurants.de) ist, wurden dann aber nicht in Münster gedreht.

Unweit des Rathauses findet sich auch der alte **3 Stadthausturm** (☞ Seite 117). Dieser wurde gleich für zwei Tatort-Folgen in Szene gesetzt: In „Mörderspiele" (☞ Seite 37) hängt hier hoch oben ein blauer Sack mit der gevierteilten Leiche von Laura Schott und in „Summ, Summ, Summ" (☞ Seite 60) diente der Eingangsbereich des Turms als vermeintliche Tür zum Konzertsaal. Hier strömen die Konzertbesucher nach dem Auftritt von Schlagerstar Roman König heraus. Wobei das Ganze so geschickt gefilmt wurde, dass der Turm als solcher nicht zu erkennen ist.

In „Die chinesische Prinzessin" (☞ Seite 61) ist der Stadthausturm einmal zu sehen – jedoch ohne jeglichen Zusammenhang zur Handlung.

Auch die weithin sichtbare **4 Lambertikirche** (☞ Seite 116, 📷 Seite 114) ist so ziemlich in jedem Tatort aus Münster zumindest einmal zu sehen. In der Folge „Tempelräuber" (☞ Seite 52) wird Ludwig Mühlenberg, der Regens des Priesterseminars Sankt Vincenz, an der Ecke Lambertikirchplatz und Salzstraße mit dem gestohlenen Taxi von „Vaddern" überfahren und tödlich verletzt.

In „Der dunkle Fleck" (☞ Seite 33) endet die Verfolgungsjagd von Boerne mit dem gestohlenen roten Corolla vor der Lambertikirche mit einem Beinahzusammenstoß. Die jungen Diebe, zwei tschetschenische Kinder, werden in Polizeigewahrsam genommen.

Und in der Folge „Dreimal schwarzer Kater" (☞ Seite 35) erwacht der ehemalige Straftäter Andreas Lechner auf einer Parkbank an der Lambertikirche und wäscht sich anschließend in dem Brunnen vor dem Gotteshaus mit dem Wasser das Gesicht. Auch in das „Wunder von Wolbeck" (☞ Seite 59) ist die Lambertikirche zu sehen – allerdings ohne Bezug zur Handlung, sondern nur als vermeintlicher Münster-Bezug.

In „Dreimal schwarzer Kater" (☞ Seite 35) spielt die Eröffnungssequenz, in der bei Bauarbeiten jahrhundertealte Skelettteile gefunden werden, direkt am Fuße des Gotteshauses. Und in „Ruhe sanft" (☞ Seite 46) sitzt Thiel mit „Grufti" Lucie Wulfes in einem Straßencafé direkt an der Kirche, um über deren tote Mutter und über Professor Dr. Christine Arnold zu reden.

In „Satisfaktion" (☞ Seite 47) finden Thiel und Nadeshda das Luxusauto des verschwundenen Gregor Baltus in Sichtweite der Lambertikirche. Im Auto werden später die Blutspuren der ersten Leiche entdeckt.

Das Gotteshaus dient zudem in „Gott ist auch nur in Mensch" (☞ Seite 69) als Kulisse – es ist bei verschiedenen Einstellung prominent durch das Bürofenster von Staatsanwältin Klemm zu sehen.

Wenn Sie vor der Lambertikirche rechts in die Salzstraße abbiegen und sofort hinter dem Gotteshaus links in den Lambertikirchplatz, kommen Sie zur Straße Alter Steinweg. Dort biegen Sie rechts ab und sehen linker Hand die **5 Stadtbücherei** (Alter Steinweg 11, 48143 Münster, ☏ 02 51/492 42 42, 💻 www.muenster.de/stadt/buecherei), die für das „Wunder von Wolbeck" (☞ Seite 59) als Kulisse diente.

Von der Stadtbücherei folgen Sie der Straße Alter Steinweg zurück, biegen am Ende der Straße nach links und laufen an der Lambertikirche vorbei. An der nächsten Ecke geht es dann sofort wieder rechts. Die Straße heißt hier für ein kleines Stück Drubbel, geht dann nacheinander in den Roggenmarkt, die Bogenstraße und schließlich in den Spiekerhof über. Hier an der Ecke mit der Bergstraße liegt das ✕ Gasthaus **6 Großer Kiepenkerl** (Spiekerhof 45, 48143 Münster, ☏ 02 51/403 35, 💻 www.grosser-kiepenkerl.de), das für „Eine Leiche zu viel" (☞ Seite 40) als Kulisse diente. Und in „Der Frauenflüsterer" (☞ Seite 42) stürzt Gastronom Dietrich Röttger hier aus dem Fenster.

Derweil wurde das direkt angrenzende ✕ Restaurant **7 Kleiner Kiepenkerl** (Spiekerhof 47, 48143 Münster, ☏ 02 51/434 16, 💻 www.kleiner-kiepenkerl.de) für die Folge „Hinkebein" (☞ Seite 58) in Szene gesetzt. Im Film heißt der Gasthof allerdings „Westfälischer Hof".

Auch für „Erkläre Chimäre" (siehe Seite 64) diente der **8 Spiekerhof** als Drehort für eine Reihe von Außenaufnahmen. Gleich zu Beginn wird Taxifahrerin Tine Haemmer hier Zeugin, wie ein Obdachloser nachts von einem weißen SUV überfahren wird und schwer verletzt liegen bleibt, während der Fahrer einfach das Weite sucht. Kurz darauf bringt „Vaddern" mit seinem Taxi Boerne und Thiel zur Unfallstelle, nachdem er sie von einer Feier abgeholt hat.

Später hilft Tine dann, das liegen gebliebene Taxi von „Vaddern" am Spiekerhof mit einem Überbrückungskabel wieder startklar zu machen und bietet ihm einen Job in ihrem Taxiunternehmen an.

Und noch einmal rückt der Spiekerhof in den Blickpunkt, als „Vaddern" an der dortigen Brücke zunächst das leere Taxi von Tine findet, dann sie selbst schwer verletzt im Wasser entdeckt. Nach der Sicherung des Tatorts findet Boerne an der Mauer der Brücke eine Blutspur des Täters.

Weiter geht der Weg geradeaus über die Straße Spiekerhof. Nachdem die Münstersche Aa, der kleine Stadtfluss, überquert ist, biegen Sie links – vor Juwelier

Lehmkühler – in den Fußweg ab, der direkt an das Ufer des Gewässers führt. Etwa auf Höhe der Rückseite des Restaurants Weinkeller beziehungsweise der Sonnen-Apotheke befindet sich die **9** Stelle, an der in „Hinkebein" (☞ Seite 58) Boernes Freundin, die ehemalige Polizistin Katja Braun, halb nackt und tot aufgefunden wird.

Der Fußweg am Ufer der Aa entlang führt schließlich an die Ecke Spiegelturm und Überwasserkirchplatz. Sie überqueren die Straße und gehen links an der **10 Liebfrauenkirche** entlang. Wenn Sie an der Vorderseite des Gotteshauses, das auch **Überwasserkirche** heißt, angelangt sind, sehen Sie an der gegenüberliegenden Seite des Platzes eine Buchhandlung. Das **11 Antiquariat Solder** (Frauenstr. 49, 48143 Münster, ☏ 02 51/453 39, 💻 www.antiquariat-solder.de) spielt zwar im Tatort keine Rolle, dient aber in der ZDF-Krimireihe „Wilsberg" als Antiquariat des gleichnamigen Detektivs Georg Wilsberg, der von Leonard Lansink gespielt wird.

Antiquariat Solder © ktr

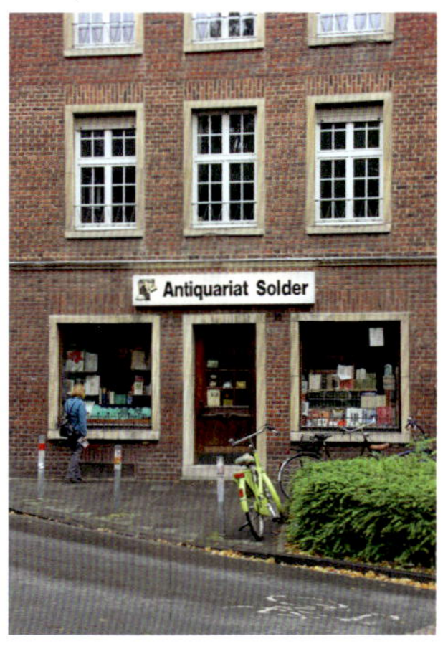

In „Der dunkle Fleck" (☞ Seite 33) radelt Thiel hier gleich zu Beginn mit einem übergroßen Paket unter dem Arm entlang. Und in „Herrenabend" (☞ Seite 55) biegt er auf seinem Rad vor der Kirche ab, um zum Firmensitz von „Kartoffelkaiser" Hans Lüdinghaus zu gelangen.

↳⇔ Nachdem Sie auf den Überwasserkirchplatz, der auch Drehort der Folge „Die chinesische Prinzessin" (☞ Seite 61) war, gekommen sind, biegen Sie rechts ab, vorbei am Portal der Kirche. Vor Ihnen liegt ein kleiner Treppenaufgang, der zu einem Fußweg zwischen dem Liudgerhaus, dem Tagungs- und Begegnungshaus des Bistums Münster, und der im Jahre 2006 eingeweihten **12 Diözesanbibliothek** (☞ Seite 119) führt.

In „Hinkebein" (☞ Seite 58) hebt Boerne an einem (in Wirklichkeit nicht existierenden) Geldautomaten an der Mauer der Bibliothek für die ermordete Polizistin Katja Braun Geld ab. Auch die Überwasserkirche ist in dieser Szene zu erkennen.

In „Herrenabend" (☞ Seite 55) fungiert der Zugang zur Diözesanbibliothek als Eingang zum vermeintlichen Firmensitz von „Kartoffelkaiser" Hans Lüdinghaus. Das markante Gebäude wurde zu diesem Zweck in Teilansichten mehrfach von innen und außen gezeigt.

Und in „Die chinesische Prinzessin" (☞ Seite 61) läuft Yu-Tang, der im Besitz des gesuchten USB-Sticks ist, auf seiner Flucht auch über den Weg zwischen der Bibliothek und der Überwasserkirche. Vor dem Gotteshaus steigt er in ein Auto.

In „Erkläre Chimäre" (☞ Seite 64) fährt „Vaddern" mit dem Verdächtigen Tom Schosser und Thiel auf dem Weg ins Polizeipräsidium an der Diözesanbibliothek vorbei. Kurz darauf springt Tom aus dem fahrenden Auto und flüchtet.

Vor dem Antiquariat Solder orientieren Sie sich nach links in die Frauenstraße. Sie folgen deren Verlauf und überqueren die Bundesstraße 54 an der Ampel. Vor Ihnen liegt der Münsteraner Schlossplatz, wo auch zahlreiche Parkplätze zur Verfügung stehen. Sie gehen geradeaus bis zur **Promenade** (☞ Seite 124), wo Sie links abbiegen.

Vor Ihnen liegt nun das **13 Schloss** (☞ Seite 111, 119). Das prachtvolle Gemäuer ist ein wichtiger Drehorte für den Münsteraner Tatort. Der Sitz der Westfälischen Wilhelms-Universität diente sowohl in „Der dunkle Fleck" (☞ Seite 33) als auch in „Wolfsstunde" (☞ Seite 49) als Kulisse. Auch die Verabschiedung der russischen Delegation in „Hinkebein" (☞ Seite 58) wurde vor dem Schloss aufgenommen.

Sie folgen dem Verlauf der Promenade bis zur Gerichtsstraße. Hier biegen Sie links ab. Sie überqueren an einer Ampel erneut die Bundesstraße 54 und gehen weiter geradeaus. Die Gerichtsstraße geht in die Universitätsstraße über. Unmittelbar nachdem Sie die Straße Krummer Timpen überquert haben, halten Sie sich links auf den Fußweg. An der zweiten Möglichkeit – am Rande des Universitätsgebäudes für Rechtswissenschaften – geht es dann links um das Gebäude herum. Sie ignorieren den ersten Abzweig nach rechts und kommen zum Fahrradparkplatz der Uni. An der nächsten Möglichkeit halten Sie sich dann rechts und folgen dem Jesuitengang über die Münstersche Aa hinüber. Es geht vorbei an der Kirche St. Petri. Sie überqueren die Johannisstraße und setzen den Weg geradeaus fort. Es gilt nun eine Treppe mit 19 Stufen zu erklimmen. Der Jesuitenweg führt vorbei am Fürstenberg Denkmal zur Linken bis zur Pferdegasse.

↳⇔ Wer hier rechts abbiegt, kommt zum **14 Bibelmuseum**, das auf der rechten Seite zu finden ist.

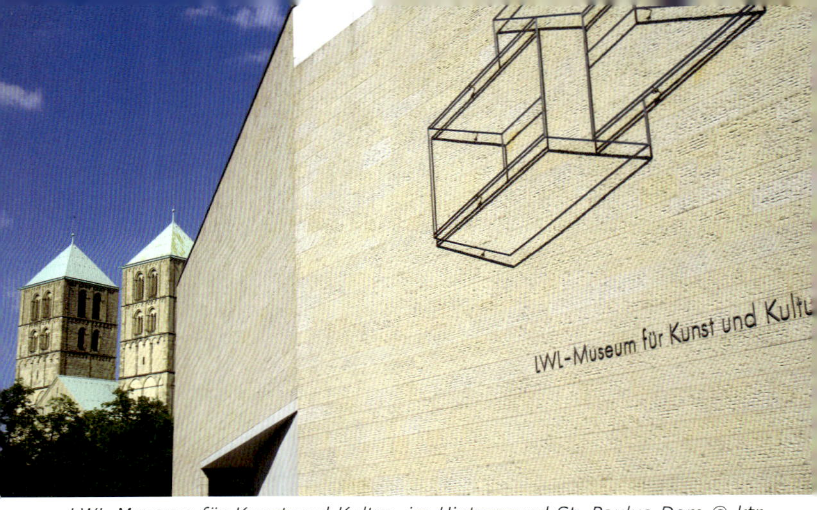

LWL-Museum für Kunst und Kultur, im Hintergrund St.-Paulus-Dom © ktr

Entlang der Pferdegasse und an der Ecke zum Domplatz liegt das **15 LWL-Museum für Kunst und Kultur**. Dessen im September 2014 eingeweihter Anbau diente noch vor der offiziellen Eröffnung als Kulisse für die Folge „Die chinesische Prinzessin" (☞ Seite 61). Für die Dreharbeiten wurden sogar Teile der Baugruben zwischenzeitlich zugeschüttet, um die Baustelle vor der Kamera zu verbergen. Im zweiten Obergeschoss des Museums wurden 130 rote Lampions und eine Vielzahl an Bambusstangen installiert, um der dargestellten Ausstellung der Künstlerin Songma einen passenden Rahmen zu geben. Die im Film zu sehenden Bilder der später ermordeten Chinesin stammten tatsächlich von Szenenbildner Alexander Scherer.

In „Fangschuss" (☞ Seite 68) blättert Thiel in einem Buch im Museumsshop, während Polizisten in Zivil im Foyer des LWL-Museums auf einen Verdächtigen warten, der sich später als Auftragskiller herausstellt. Thiel verfolgt den Verdächtigen schließlich durch „Das Lux", das Museumsrestaurant, stürmt auf die Straße und kreuzt die Pferdegasse, bevor der Verdächtige von einem Lastwagen erfasst wird.

Zwischen dem Domplatz und der nur einen Steinwurf entfernt liegenden Überwasserkirche wurde übrigens für die Folge „Hinkebein" (☞ Seite 58) Boernes innerstädtische Sportwagenfahrt aufgezeichnet.

Sie biegen am Domplatz rechts ab. Auf der linken Seite erhebt sich majestätisch der **16 St.-Paulus-Dom**. In „Wolfsstunde" (☞ Seite 49) radelt Thiel einmal vor dem Gotteshaus her – auch wenn dies für die Handlung nicht relevant ist. In „Ruhe sanft" (☞ Seite 46) verfolgt Thiel hier – und auch am Prinzipalmarkt – Lucie Wulfes mit dem Fahrrad, um auf die Spur ihres Freundes Alexander Stoll zu kommen, der heimlich Fotos von Toten gemacht hat. Und in „Die chinesische Prinzessin" (☞ Seite 61) gibt es zweimal einen Schwenk, bei dem der Dom plakativ ins Bild gerückt wird – jedoch jedes Mal ohne Relevanz für die Handlung.

In „Ein Fuß kommt selten allein" (☞ Seite 66) fährt Boerne mit den Speichelproben der Tänzer im Auto am Dom vorbei und wird dabei von einem Motorrad verfolgt. Dann lockt er den Verfolger zu einer Tankstelle, wo Thiel bereits auf die beiden wartet. Tatsächlich ist die Tankstelle nicht in Münster, sondern in Weilerswist. Der von der Polizei gesuchte Götz sitzt in „Feierstunde" (☞ Seite 67) allein auf einen Bank vor dem Dom und schaut aufsteigenden Ballons nach.

Sie gehen vorbei am Marktcafé (Domplatz 6-7, 48143 Münster, ☏ 02 51/ 484 23 00, 💻 www.marktcafe-ms.de, 🚪 Mo-Fr 9:00-1:00, Sa 8:00-1:00, So 10:00-21:00), in dem für zahlreiche Tatort-Folgen Kurzsequenzen gedreht wurden. An der Ecke Domplatz und Michaelisplatz befindet sich direkt gegenüber dem Sitz der Bezirksregierung das **17 Bankhaus Lampe** (Domplatz 41, 48143 Münster, ☏ 02 51/41 83 30, 💻 www.bankhaus-lampe.de). Dessen Eingangsbereich diente in der Folge „Tempelräuber" (☞ Seite 52) als vermeintlicher Zugang zum Priesterseminar Sankt Vincenz.

Wenn Sie dem Michaelisplatz geradeaus folgen, gelangen Sie wieder direkt zum Prinzipalmarkt mit dem historischen Rathaus im Blick, wo diese kurze, aber mit Drehorten und Sehenswürdigkeiten gespickte Rundtour nach 2,6 km endet.

Tour 2: Boernes Welt

Immer wieder rückt der Tatort das hübsche Münsteraner Schloss ins Bild. Und das sicherlich nicht nur, weil es so fotogen ist – es passt mit seinem alten Charme auch wunderbar zu Boernes Denk- und Lebenswelt. Kein Wunder, dass der Sitz der Westfälischen Wilhelms-Universität sowohl in der Folge „Der dunkle Fleck" als auch in „Wolfsstunde" sowie in „Hinkebein" zu sehen ist. Von hier aus führt die Rundwanderung zum eindrucksvollen Botanischen Garten. In dieser Oase der Ruhe wurde in der Folge „Mord ist die beste Medizin" das Opfer hinterrücks per Spritze ermordet. Natürlich ein Fall für Boerne, der seinen (Film-)Arbeitsplatz tatsächlich bis ins Jahr 2007 in der Rechtsmedizin des Universitätsklinikums Münster hatte. Kein Wunder also, dass dies für Tatort-Fans aus Nah und Fern fast eine kleine Pilgerstätte geworden ist.

⇆ Start/Ziel: Schlossplatz, an der Ecke B54 und Frauenstraße

5,5 km

1 Std. 30 Min.

Die Bushaltestelle Schlossplatz liegt an der Ostseite der Straße Schlossplatz zwischen Überwasserstraße und Frauenstraße. Sehr gute Anbindung Stadt- und Regionalbusse: Linie 1, Linie R51, Linie R63, Linie R64, Linie R72/R73, Linie 177, Linie 563/564

P Parkmöglichkeiten auf dem Schlossplatz (kostenpflichtig)

Der Startpunkt der Tour ist auf dem Münsteraner Schlossplatz, wo auch zahlreiche Parkplätze zur Verfügung stehen. Sie gehen geradeaus, überqueren die **Promenade** (☞ Seite 124) und kommen zum **13 Schloss** (☞ Seite 111, 119). Das prachtvolle Gemäuer ist ein wichtiger Drehorte für den Münsteraner Tatort. Der Sitz der Westfälischen Wilhelms-Universität diente sowohl in „Der dunkle Fleck" (☞ Seite 33) als auch in „Wolfsstunde" (☞ Seite 49) als Kulisse. Auch die Verabschiedung der russischen Delegation in „Hinkebein" (☞ Seite 58) wurde vor dem Schloss aufgenommen.

In „Mord ist die beste Medizin" (☞ Seite 63) ist das Schloss mehrfach im Hintergrund zu sehen. Ebenso in „Feierstunde" (☞ Seite 67), wo am Anfang Boerne (in einem Traum von Götz) kurz von hinten zu sehen ist, wie er auf das Schloss zugeht. Derweil wurde das Opfer in „Mord ist die beste Medizin" (☞ Seite 63) im direkt hinter dem Schlossgebäude liegenden **18 Botanischen Garten** (☞ Seite 120) mit einer Spritze ermordet.

Nach der Promenade gehen Sie bei der ersten Möglichkeit links über den Weg, der eine Rechtskurve beschreibt. Sie können auch geradeaus bis vors Schloss und dann links gehen. Am Schlossrand geht es durch den kleinen Torbogen hindurch. An der nächsten Ecke biegen Sie rechts in die Straße Schlossgarten ab. Bei der nächsten Möglichkeit geht es dann links auf einen Pfad Richtung Botanischer Garten. Dessen Eingang ist nach knapp 90 m erreicht.

Sie folgen aber dem Pfad geradeaus. Wenn Sie wieder auf den Schlossgarten treffen, halten Sie sich links und dann sofort rechts. An der nun folgenden Weggabelung nehmen Sie den linken Weg – nicht den, der ans Ufer des Schlossgrabens führt. Der Pfad trifft auf eine T-Kreuzung, Sie halten sich rechts und an der nächsten Ecke sofort wieder rechts. Für ein kleines Stück gehen Sie bergab. An der ersten Ecke geht es dann nach links und kurz darauf rechts über die Brücke hinüber. Auf der anderen Seite des Schlossgrabens setzen Sie den Weg nach links fort.

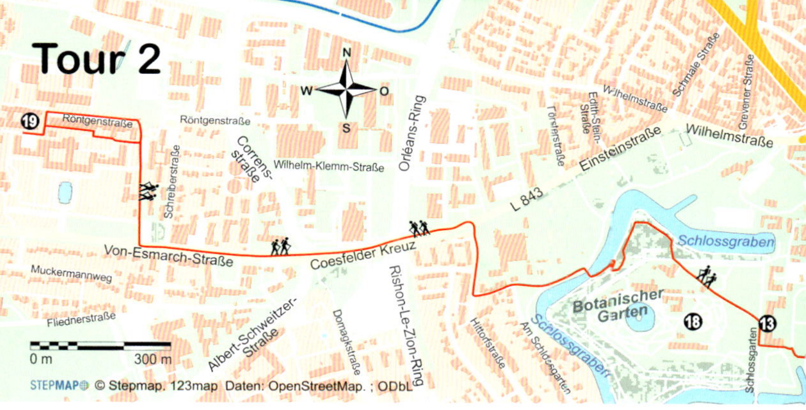

Wenn sich der Weg dann gabelt, halten Sie sich rechts. Sie treffen abermals auf die Straße Am Schlossgarten und gehen weiter geradeaus. An der nächsten Ecke biegen Sie rechts in die Hittorfstraße ab. Wenn Sie auf die Einsteinstraße treffen, überqueren Sie diese und gehen links parallel zur Einsteinstraße weiter. Sie überqueren den Orleans-Ring und marschieren an der Mensa vorbei. Die Straße wird nun zum Coesfelder Kreuz. Es geht weiter geradeaus. Kurze Zeit später heißt die Straße dann Von-Esmarch-Straße. Sie folgen deren Verlauf.

Nachdem Sie die Schreiberstraße passiert haben, geht es an der nächsten Möglichkeit nach rechts. Hier ist auch der Weg Richtung Max-Planck-Institut ausgeschildert. Sie folgen der Von-Esmarch-Straße bis diese schließlich einen Linksbogen beschreibt und in die Röntgenstraße übergeht. Nach dem Haus Nummer 21 biegen Sie links ab und an der nächsten Ecke sofort wieder rechts. Rechter Hand liegt in der Röntgenstraße 23 die **19 Rechtsmedizin** des **Universitätsklinikums Münster**. Bis zum Jahre 2007 wurden die Szenen an Boernes Arbeitsplatz tatsächlich dort gedreht. Doch weil der „normale" Betrieb darunter stark litt und auch aus Kostengründen wurde das rechtsmedizinische Institut von Boerne schließlich in die Kölner Studios verlegt.

In „Der dunkle Fleck" (☞ Seite 33) wird die Münsteraner Rechtsmedizin mehrfach in Szene gesetzt. So verlassen Thiel und Staatsanwältin Klemm gemeinsam die Pathologie, um vor dem Gebäude über Boerne und Alberich zu philosophieren.

Kleine Randnotiz: In „Eine Leiche zu viel" (☞ Seite 40) entstanden nur wenige Aufnahmen tatsächlich in Münster – darunter die Szenen, die im Institut für Anatomie und Pathologie der Westfälischen Wilhelms-Universität spielen und in dessen Rechtsmedizin abgedreht wurden.

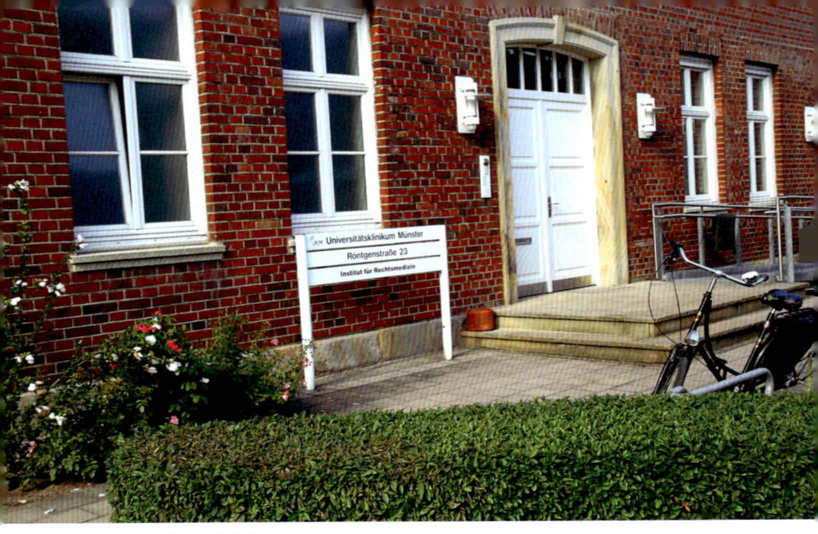

Rechtsmedizin © ktr

Vor dem Gebäude der Rechtsmedizin drehen Sie dann um und machen sich auf den Rückweg zum Schlossplatz. Dazu biegen Sie an der ersten Ecke links ab und dann sofort bei der ersten Möglichkeit rechts. Sie gehen geradeaus bis zur Schranke, passieren diese und halten sich dann rechts auf die Von-Esmarch-Straße. Am Ende der Straße geht es dann links. Nun folgen Sie dem Verlauf von Von-Esmarch-Straße, Coesfelder Kreuz und Einsteinstraße, ehe Sie wieder rechts in die Hittorfstraße abbiegen. In Höhe des Hauses Nummer 31 geht es links auf den kombinierten Fuß- und Radweg. Sie gehen geradeaus, überqueren die Straße Schlossgarten und folgen dem Pfad.

An der ersten Gabelung geht es links und dann kurz darauf rechts über die Brücke. Auf der anderen Seite des Schlossgrabens halten Sie sich links und bei der ersten Möglichkeit rechts. Nach einem kurzen Anstieg geht es dann links und an der nächsten Ecke wieder links. Der Pfad beschreibt eine lang gezogene Rechtskurve. Sie treffen wieder auf einen Teil der Straße Schlossgarten, überqueren die Straße und setzen Ihren Weg auf dem Pfad vorbei am Botanischen Garten fort. Vor dem Schloss halten Sie sich rechts und dann wieder links. Nach dem Torbogen folgen Sie dem Weg nach rechts. Der Weg beschreibt eine Linkskurve. An der nächsten Möglichkeit geht es dann rechts und sie folgen dem Verlauf der Straße über die Promenade hinweg zurück bis zum Ausgangspunkt an der Ecke B54 und Frauenstraße.

Tour 3: Kurz und knackig

Diese Tour ist kurz und wird von vielen Tatort-Fans sicher mit Tour 4 oder 2 kombiniert, die ebenfalls am Schlossplatz starten. Auf der insgesamt nur 2,5 km langen Wanderung vom Münsteraner Schlossplatz über die Promenade bis zum Schlosstheater, das in der Folge „Hinkebein" als Kulisse dient, geht es vorbei an der „Trümmerlok", einem hübschen Spielplatz sowie prächtigen Stadthäusern.

⇆ Start/Ziel: Schlossplatz, an der Ecke B54 und Frauenstraße

➲ 2,5 km

⧗ 45 Min.

🚌 Die Bushaltestelle Schlossplatz liegt an der Ostseite der Straße Schlossplatz zwischen Überwasserstraße und Frauenstraße. Sehr gute Anbindung Stadt- und Regionalbusse: Linie 1, Linie R51, Linie R63, Linie R64, Linie R72/R73, Linie 177, Linie 563/564

🅿 Parkmöglichkeiten auf dem Schlossplatz (kostenpflichtig)

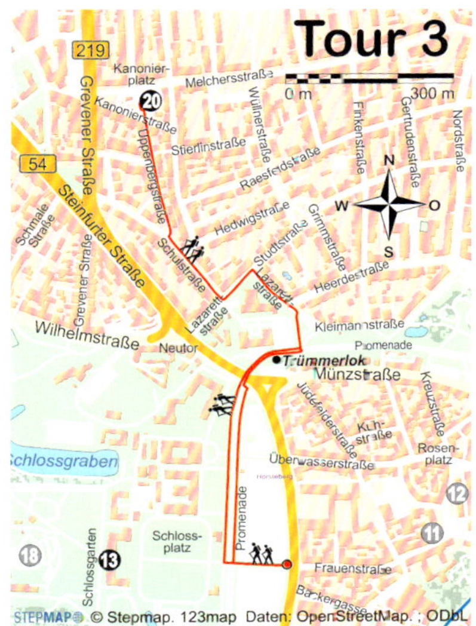

Der Startpunkt der Tour ist am Münsteraner Schlossplatz, wo auch zahlreiche Parkplätze zur Verfügung stehen. Sie gehen geradeaus auf das **13 Schloss** (☞ Seite 119) zu. Wenn Sie auf die **Promenade** (☞ Seite 124) treffen, halten Sie sich rechts und folgen deren Verlauf.

☺ Nach ca. 260 m Wegstrecke befindet sich auf der rechten Seite eine öffentliche Toilette. Ein gute Gelegenheit also, sich für die bevorstehende Tour noch einmal zu erleichtern.

An der Ampel überqueren Sie die Bundesstraße B54 und folgen der Promenade für ein kleines Stück. Sie passieren eine alte Trümmerlok. Das Schnauferl aus dem Jahre 1910 wurde nach dem Zweiten Weltkrieg eingesetzt, um die Trümmermassen der zerstörten

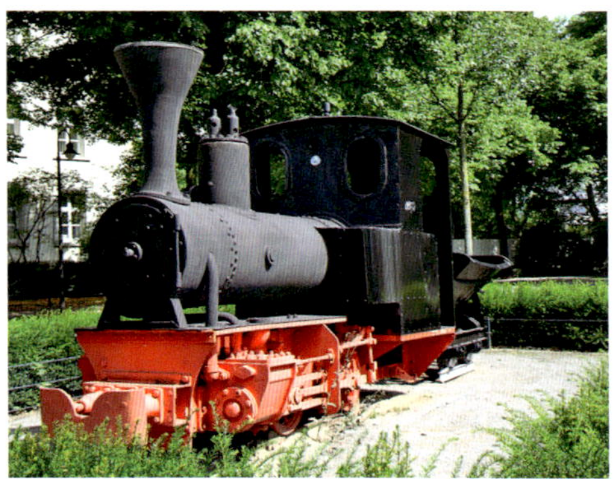

Trümmerlok an der Promenade © ktr

Häuser aus der Stadt hinaus zu befördern. Nach der Lok orientieren Sie sich bei der nächsten Möglichkeit nach links in eine kleine Grünanlage. Der Weg vorbei am Kinderspielplatz führt Sie zur Kleimannstraße, die geradeaus in die Lazarettstraße übergeht. Dann biegen Sie links ab in die Studtstraße, um kurz darauf an der nächsten Ecke rechts in die Schulstraße abzubiegen. Sie folgen dieser geradeaus.

Nach der ✗ Gaststätte Mutter Birken (Schulstraße 16, 48149 Münster, ☏ 02 51/200 61 62, 💻 www.mutter-birken.de, 🚪 tgl. ab 17:00) biegen Sie rechts in die Uppenbergstraße ab (Achtung! Hier steht kein Straßenschild!) und folgen dieser geradeaus bis zur T-Kreuzung mit der Kanoniersraße. Direkt vor Ihnen liegt das denkmalgeschützte **20 Schlosstheater** (Melchersstraße 81, 48149 Münster, ☏ 02 51/225 79, 💻 www.cineplex.de). Dort wurden für die Folge „Hinkebein" (☞ Seite 58) die Szenen gedreht, die im Kino spielen.

Vom Schlosstheater geht es auf demselben Weg zurück zum Schlossplatz. Also die Uppenbergstraße entlang, an deren Ende biegen Sie links in die Schulstraße ab. Am Ende der Schulstraße geht es dann links in die Studtstraße und an der nächsten Ecke rechts in die Lazarettstraße. Sie folgen dem kleinen Fußweg am Spielplatz vorbei bis zur Promenade. Hier geht es nach rechts, wieder vorbei an der Trümmerlok und über die B54 hinüber. Sie folgen der Promenade bis auf Höhe des Schlosses und biegen dort links ab, um nach 2,5 km wieder an den Ausgangspunkt zurückzugelangen.

Tour 4: Mörderisch schöne Aussichten

Auf dieser Tour sollte man seine Kamera griffbereit haben, denn mit dem Schlossplatz als Ausgangspunkt und den Aaseeterrassen, der Clemenskirche sowie dem Ludgeriplatz bieten sich tolle Fotomotive. Da der Aasee zudem als beliebtes Naherholungsgebiet der Münsteraner gilt, ist diese Tour bestens für einen ausgedehnten Bummel geeignet. Eine Schlüsselrolle hat der See zweifelsfrei in der Folge

„Schwanensee" gespielt, in der Thiel und Boerne mit einem als Schwan geformten Tretboot die Täterin jagen. Die Tour endet im historischen Zentrum von Münster, am Platz des Westfälischen Friedens. Cafés und Restaurants in der Nähe laden zur ausgedehnten Rast ein.

→ Start: Schlossplatz, an der Ecke B54 und Frauenstraße;
Ziel: Platz des Westfälischen Friedens

➲ 4,5 km

⌛ 1 Std. 30 Min.

🚌 Die Bushaltestelle Schlossplatz liegt an der Ostseite der Straße Schlossplatz zwischen Überwasserstraße und Frauenstraße. Sehr gute Anbindung Stadt- und Regionalbusse: Linie 1, Linie R51, Linie R63, Linie R64, Linie R72/R73, Linie 177, Linie 563/564

P Parkmöglichkeiten auf dem Schlossplatz (kostenpflichtig)

Startpunkt der Tour ist am Münsteraner Schlossplatz, wo auch zahlreiche Parkplätze zur Verfügung stehen. Sie gehen geradeaus auf das **13 Schloss**

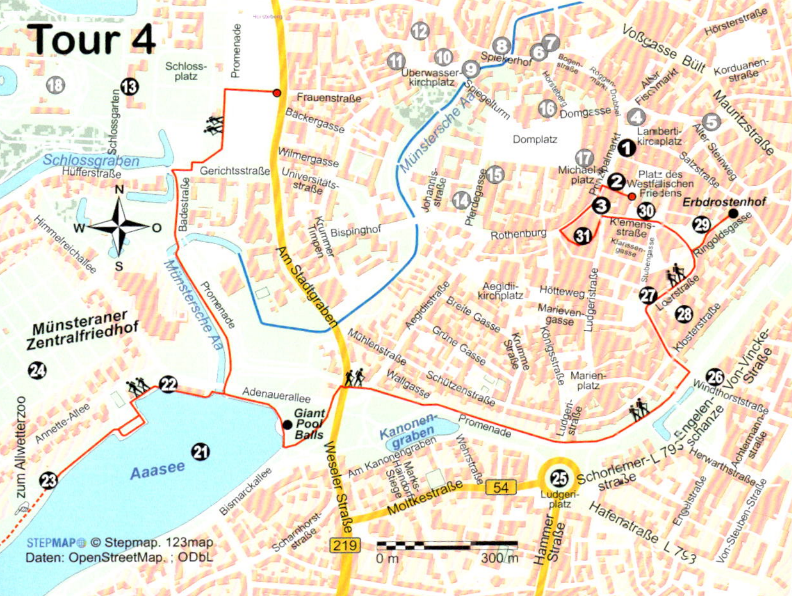

(☞ Seite 111, 119) zu, bis Sie auf die **Promenade** (☞ Seite 124) treffen. In „Satisfaktion" (☞ Seite 47) radelt Thiel über die Promenade, um auf schnellstem Wege ins Krankenhaus zu kommen, wo „Vaddern" mit akuten Herzproblemen eingeliefert wurde.

Sie biegen links auf die Promenade ab und folgen dieser bis zur Gerichtsstraße. Dort biegen Sie rechts ab und an der nächsten Ampel nach links, um die Gerichtsstraße zu überqueren. Sie halten sich rechts und überqueren die Badestraße, um dann nach links auf die Promenade abzubiegen. Sie folgen dem kombinierten Fuß- und Radweg. Wenn dieser nach links abschwenkt, halten Sie sich rechts und gehen auf dem Fußweg, der direkt am Ufer der Münsterschen Aa entlang verläuft, weiter. Auf der anderen Flussseite fallen die Verwaltungsgebäude der LBS auf. Der Weg bringt Sie an die Adenauerallee. Unmittelbar vorm Erreichen der Straße nehmen Sie rechts den Fußweg, der unter der Adenauerallee hindurch führt und kommen an das nordöstliche Ufer des **21 Aasees** (☞ Seite 122).

Das beliebte Naherholungsgebiet diente wiederholt als Kulisse für den Tatort. So beispielsweise in „Wolfsstunde" (☞ Seite 50) oder in „Krumme Hunde" (☞ Seite 48), wo Thiel mit dem verdächtigen Rummel eine Runde im Motorsegler über Münster fliegt. Sowohl in „Sag nichts" (☞ Seite 37) als auch in „Mörderspiele" (☞ Seite 37) wird zudem jeweils eine Leiche in dem künstlich aufgestauten Gewässer entdeckt. Zudem fahren Thiel und Krusenstern auf der Suche nach Verdächtigen in „Sag nichts" mehrmals über die Brücke am Aasee.

In „Fakten, Fakten" (☞ Seite 34) düst der Pizzabote zu Beginn der Folge direkt am Ufer des Sees vorbei, um Professor Bernhard Dreiden seine Bestellung zu bringen. Und in „Dreimal schwarzer Kater" (☞ Seite 35) flüchtet der Täter Günter Ambrosio kurz vor Ende mit der entführten Katharina Stoll in seinem Auto (über die Torminbrücke am Kardinal-von-Galen-Ring) am Aasee entlang aufs Land.

↳⇔ Nachdem Sie die Adenauerallee unterquert haben, halten Sie sich am Ufer des Aasees zunächst für einen kurzen Abstecher nach rechts. Gehen Sie über die Brücke am Zusammenfluss von der Münsterschen Aa und dem Aasee. Folgen Sie dem Weg zu den **22 Aaseeterrassen** (☞ Seite 123) und den Bootsanlegern mit den Segel-, Tret- und Ruderbooten sowie der Anlegestelle der Aasee-Freizeitboote. In einem Café an den Aaseeterrassen geht Thiel in „Wolfsstunde" (☞ Seite 49) mit dem Vergewaltigungsopfer Anna Schäfer eine Liste mit möglichen Tätern durch und überzeugt sie, eine Gegenüberstellung mit vermeintlichen Tätern im Polizeirevier zu machen. In Tatort „Schwanensee" (☞ Seite 65) liegt das gleichnamige Therapiezentrum hier direkt am Ufer des Aasees. Für Teile der Kulisse musste das Gebäude des Segel-Clubs Münster (Annette-Allee 7) herhalten. Auch das berühmte Tretboot, in das sich einst ein schwarzer Schwan verliebte, und die Aaseeterrassen sind wiederholt im Bild zu sehen. Das Schwimmbad, in dem die Leiche gefunden wird, befindet sich aber nicht in den Clubräumen der Segler, sondern gehört tatsächlich zum Fitnesscenter Holmes Place an der Königsallee in Düsseldorf.

Zahlreiche Szenen von „Schwanensee" wurden in und vor dem Gebäude des Segel-Clubs Münster gedreht. Wobei darauf geachtet wurde, dass der Blick immer wieder auf den Aasee und teilweise über den See hinüber auf die Turmspitzen des Doms fiel. Auf dem Bootssteg am Segel-Club lassen die Patienten des Therapiezentrum in Gedenken an die getötete Mona Lux Ballons steigen.

Auch der Showdown ist am Aasee angesiedelt: Nachdem Isa Storch aus Liebeswahn Andreas Kullmann ein Betäubungsmittel in den Sekt gemischt hat, fährt sie mit ihm in einem Tretboot auf den See hinaus Richtung Torminbrücke. Thiel und Boerne verfolgen sie mit einem anderen Tretboot. Storch wirft schließlich Kullmann mit Eisengewichten beschwert über Bord. Thiel und Boerne springen in den See und retten dem Finanzbeamten das Leben. Wobei Kritiker anmerken, die Szene sei völlig unrealistisch, da der Aasee gar nicht tief genug sei, da er an der tiefsten Stelle gerade einmal zwei Meter misst.

Wenn Sie sich weiter auf dem Uferweg halten, kommen Sie unweit der ersten Wohnhäuser zu der **23** Stelle, wo in „Mörderspiele" (☞ Seite 37) der Rumpf einer Frau entdeckt wird.

Übrigens, der hinter der Annette-Allee liegende Münsteraner **24 Zentralfriedhof** ist entgegen einiger Mutmaßungen <u>nicht</u> der Friedhof, auf dem Thiel und Boerne in „Ruhe sanft!" (☞ Seite 46) eine Gruppe Goths aufspüren und wo die Gothic-Liebhaber nachts Dichterlesungen zelebrieren. Die Szenen wurden im Rheinland gedreht. Und auch die Kapelle, in der die Trauerfeier stattfindet, bei der Boerne von Staatsanwältin Klemm einen Kinnhaken kassiert, ist nicht auf dem Münsteraner Zentralfriedhof zu finden. Vielmehr gehört diese zum Krematorium in Krefeld.

Noch weiter am Seeufer entlang führt der Weg zum Münsteraner **Allwetterzoo** (☞ Seite123), der in „Schlangengrube" (☞ Seite 70) zu einem der wichtigsten Handlungsplätze wurde. Allerdings sind nicht alle Zoo-Szenen in Münster eingefangen worden, sondern teilweise auch im Kölner Zoo.

Laufen Sie anschließend den Weg wieder zurück zur Adenaueralle.

An der Stelle, wo Sie nach dem Unterqueren der Adenauerallee ans Ufer des Aasees gelangt sind, halten Sie sich links. Wenn Sie auf eine T-Kreuzung treffen, laufen Sie nach rechts. Wenig später kommen Sie zur den Giant Pool Balls, die auf der Linken Seite im Grünen liegen. An der Skulptur wurden auch nächtliche Szenen für „Gott ist auch nur ein Mensch" (☞ Seite 69) gedreht. Wobei aus den drei mächtigen Kugeln für die Filmaufnahmen vorübergehend vier geworden sind: Die Polizei vermutet einen weiteren Toten, als sie stattdessen im Inneren der „neuen" Kugel „Vaddern" mit einer jungen Dame beim Kiffen erwischt.

Hier trifft Nele Klarbach in „Herrenabend" (☞ Seite 55) auch ihren angeblich seit 16 Monaten toten Vater Rüdiger Klarbach. Dabei werden wiederholt die unweit des Ufers aufgestellten Giant Pool Balls ins Bild gerückt.

Sie gehen weiter geradeaus am Ufer des Aasees entlang. An der ersten Möglichkeit biegen Sie links ab und dann an der nächsten Gabelung wieder links. (Wer abkürzen will, kann auch einfach quer über den Rasen an den Giant Pool Balls vorbeigehen, bis der Fußweg erreicht ist.) Sie folgen dem Weg parallel zur B54 (Weseler Straße) und überqueren mit Hilfe der ersten Ampel die Adenauerallee, um dann an der nächsten Ampel wieder rechts auf die Promenade abzubiegen. Sie folgen dem Verlauf des kombinierten Fuß- und Radweges. Wenn die Promenade die Ludgeristraße kreuzt, ↳⇔ liegt rechter Hand in knapp 50 m Entfernung der **25 Ludgeriplatz**, wo Szenen aus „Die chinesische Prinzessin" (☞ Seite 61) entstanden. Sie folgen der Promenade aber weiter geradeaus bis zur Kreuzung mit der Windthorststraße.

Wer hier rechts abbiegt kommt zum **26 Museum für Lackkunst** (☞ S. 121), das keine zwei Gehminuten entfernt auf der linken Seite liegt.

Über die Promenade kommend biegen Sie an der Kreuzung mit der Windthorststraße links ab. Sie folgen deren Verlauf und überqueren die Klosterstraße geradeaus. An der Kreuzung mit der Stubengasse und der Loerstraße, wo die Windthorststraße links als Fußgängerzone abzweigt, liegt das ehemalige **27 🛏 Treff Hotel**, das heute 🛏 H4 Hotel Münster City Centre heißt (Stubengasse 33, 48143 Münster, ☏ 02 51/49 09 90, ✉ muenster@h-hotels.com, 💻 www.h-hotels.com). Hier entstanden einige Außenaufnahmen mit Thiel und Boerne für die Folge „Der Hammer" (☞ Seite 62).

Zwischen der auf der gegenüberliegenden Straßenseite befindlichen **28 Raphaelsklinik** (Loerstraße 23, 48143 Münster, ☏ 02 51/500 70, 💻 www.raphaelsklinik.de) und der **29 Clemenskirche** wurden hier an der Loerstraße für „Der Hammer" (☞ Seite 62) auch jene Szenen abgedreht, bei denen ein Busfahrer beinahe die aus dem Fenster geworfene Leiche des Bauunternehmers Wolfgang Öhrie überfährt.

Und aus der Ausfahrt des Parkhauses am Hotel kommt der Wagen, der noch einmal über die Leiche fährt und sie ein Stück weit mit sich schleppt. Im weiteren Verlauf von „Der Hammer" kehrt Thiel noch einmal mit dem Fahrrad hierher zurück, um sich bei Tageslicht einen Eindruck vom Tatort zu verschaffen. Zudem geht er auf das Dach des Hauses, durch das der Täter in Öhries Wohnung eingedrungen sein muss. Von hier schwenkt der Blick auf den modernen Platz an der Stubengasse.

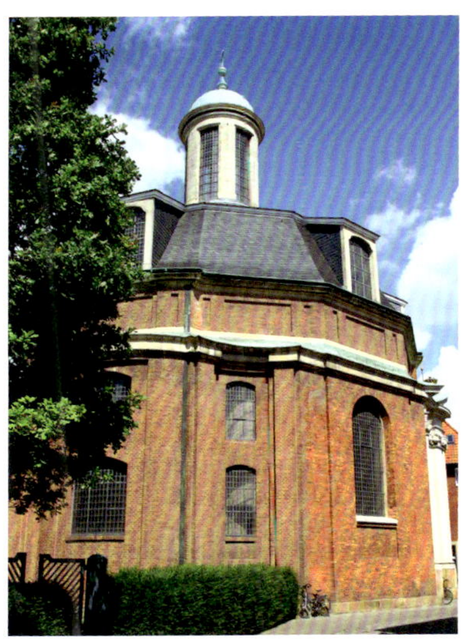

Clemenskirche © ktr

↳⇔ Wer an der Clemenskirche in die gleichnamige Straße nach rechts abbiegt, sich dann geradeaus in die Ringoldsgasse hält, kommt zum **Erbdrostenhof**. Für „Ein Fuß kommt selten allein" (☞ Seite 66) wurden die Szenen rund um die Preisverleihung, bei der Alberich mit dem Bundesverdienstkreuz ausgezeichnet wird, im sowie vor dem Erbdrostenhof gedreht.

Sie folgen dem Verlauf der Loerstraße, die schließlich in die Klemensstraße übergeht. Rechter Hand liegt das **30 Stadthaus I** (☞ Seite 122). Wenn die Klemensstraße nach rechts abknickt, biegen Sie links in die Ludgeristraße, die Teil der Fußgängerzone ist, ab. An dieser befindet sich auf der rechten Seite der Zugang zu den **31 Münster Arkaden** (Ludgeristraße 100, 48143 Münster, ☏ 02 51/297 97 70, 💻 www.arkadenmuenster.de). Auf gut 26.000 m² Fläche beheimatet die innerstädtische Mall rund 40 Geschäfte.

Für die Folge „Wolfsstunde" (☞ Seite 49) wurden verschiedene Szenen rund um die im Erdgeschoss der Arkaden gelegene Holstein-Brasserie (☏ 02 51/488 22 88, 💻 www.butterhandlung-holstein.de) gefilmt. Hier trifft das Vergewaltigungsopfer Anna Schäfer zufällig ihren Vergewaltiger Sascha Kröger, den sie an seiner Stimme erkennt. Sie erleidet daraufhin einen Nervenzusammenbruch, während Thiel versucht, mittels der Überwachungskameras des Einkaufszentrums den Täter zu identifizieren.

Vorbei an der Holstein-Brasserie durchqueren Sie das Einkaufszentrum und kommen an die Straße Rothenburg. Rechts geht es hier zum **1 Prinzipalmarkt**. Sie folgen dem Verlauf des Prinzipalmarkts. Unmittelbar vor dem **2 historischen Rathaus** halten Sie sich rechts und laufen in die Gruetgasse. Diese bringt Sie zum Platz des Westfälischen Friedens. Hier wird in „Gott ist auch nur ein Mensch" (☞ Seite 69) eine Skulptur mit einer sich darin befindenden Leiche entdeckt. Hier endet auch nach 4,5 km diese Tatort-Tour.

Tour 5: Nah am Wasser

Gleich in sechs Tatort-Folgen spielt der Startpunkt dieser Tour, der Münsteraner Hauptbahnhof, eine wichtige Rolle. Von hier aus kehrt man auf dieser Stadtwanderung der geschäftigen Innenstadt den Rücken und begibt sich zum hübschen Stadthafen und auf die Spuren der Schauplätze von „Das Wunder von Wolbeck" (in dem der alte Hafenkran eine Schlüsselrolle spielt) sowie „Der Fluch der Mumie" und „Satisfaktion". Weiter wandert man dann am Ufer des Dortmund-Ems-Kanals entlang, bevor es dann durch Wohngebiet mit typischem Backstein-Charme wieder zurückgeht.

- Hauptbahnhof Münster
- 5,3 km
- 1 Std. 30 Min.
- Halstestelle für Start- und Zielpunkt: Hauptbahnhof Münster. Sehr gute Anbindung durch zahlreiche Stadt- und Regionalbusse.
- P Parkmöglichkeiten im Parkhaus Bremer Platz und Parkhaus Bahnhofstraße (beide kostenpflichtig)

Der Münsteraner **32 Hauptbahnhof** gehört zu den wiederkehrenden Drehorten beim Tatort. So befindet sich der Taxistand in „Hinkebein" (☞ Seite 58) vor dem Hauptbahnhof auf dem Berliner Platz. In „Summ, Summ, Summ" (☞ Seite 60) wurden einige Szenen an der Rückseite des Bahnhofs auf dem Bremer Platz abgedreht. Und auch in „Erkläre Chimäre" (☞ Seite 64) diente der Hauptbahnhof als Kulisse.

Eine große Rolle spielt er zudem in „Dreimal schwarzer Kater" (☞ Seite 35): Zu Beginn holt ‚Vaddern' hier Thiel ab, der zu einem Spiel des FC St. Pauli gereist war. Boerne holt hier seinen exzentrischen Kollegen Dr. Archibald King ab

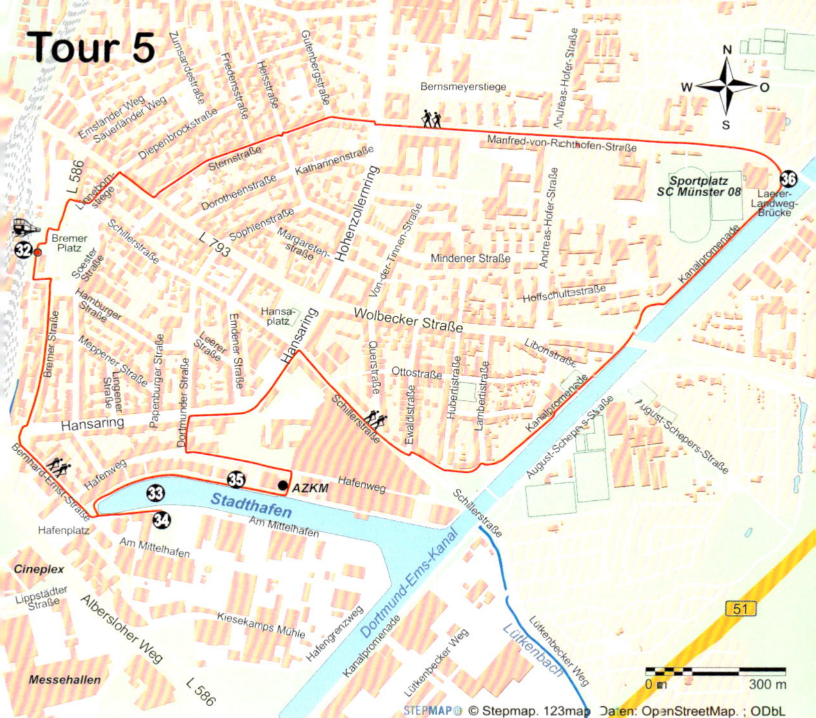

und entdeckt, wie Katharina Stoll aus einem Schließfach einen ominösen Umschlag holt. Zudem wird Boerne vor dem Bahnhof von der Polizei nach seinem Behindertenausweis gefragt, nachdem er sich auf den Fahrersitz von Katharina Stolls Auto gesetzt hat.

In „Wolfsstunde" (☞ Seite 49) setzt „Vaddern" Thiel mit dem Taxi am Hauptbahnhof ab, weil dieser wieder mal zu einem Spiel des FC St. Pauli fahren will. Während er auf dem Bahnsteig 12 auf den einfahrenden Zug wartet, entscheidet er sich um und fährt zur Wohnung des erneut bedrohten Vergewaltigungsopfers Anna Schäfer.

In „Die chinesische Prinzessin" (☞ Seite 61) rennt Yu-Tang, der im Besitz des gesuchten USB-Sticks sowie des Buches ist, durch den Hauptbahnhof. Den Stick holt er dort aus einem Schließfach.

Mehrfach wird der Hauptbahnhof in „Erkläre Chimäre" (☞ Seite 64) von innen gezeigt. Auf den Bildern einer Überwachungskamera ist zu sehen, wie das

Mordopfer Luis Bênção die dortigen Schließfächer aufsucht, um etwas dort zu deponieren. Thiel lässt daraufhin sämtliche Schließfächer polizeilich öffnen, findet aber nichts. Später taucht noch ein Video auf, auf dem zu sehen ist, wie der Verdächtige Tom Schosser zu den Schließfächern im Hauptbahnhof geht.

Übrigens: 2017 wurde der Hauptbahnhof nach intensivem Um- und Neubau wiedereröffnet – mit dem Ergebnis, dass nicht mehr viel so aussieht wie in den genannten Tatort-Folgen.

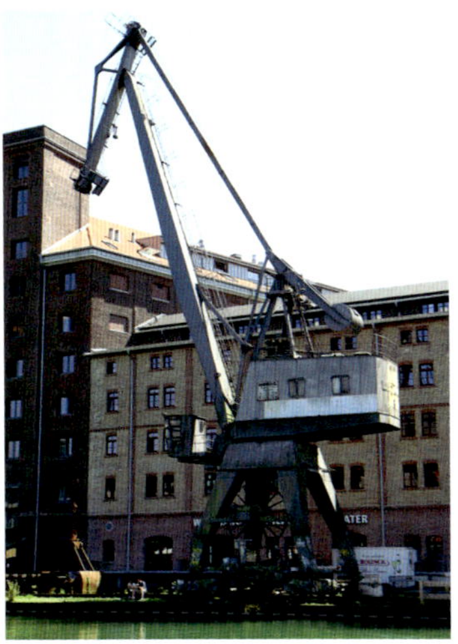

Hafen © ktr

Sie verlassen den Hauptbahnhof in östliche Richtung – also nicht Richtung Innenstadt. Wenn Sie aus dem Bahnhofsgebäude herauskommen, halten Sie sich rechts und an der nun folgenden Kreuzung links. Sie kommen zur Straße Bremer Platz. Sie biegen rechts ab. Die Straße geht in die Bremer Straße über. Sie überqueren die Kreuzung mit der Hafenstraße beziehungsweise dem Hansaring, um dann an der ersten Möglichkeit links in die Bernhard-Ernst-Straße abzubiegen. Dieser folgen Sie geradeaus bis zum Hafenweg. Sie überqueren die Kreuzung und folgen der Straße Am Mittelhafen. In Höhe des Hafenplatzes geht es links zum **33 Stadthafen**.

Wer am Hafenplatz rechts geht, läuft quer über den Platz direkt auf den Gebäudekomplex mit dem **Cineplex**-Kino (💻 www.cineplex.de/muenster) zu, in dem traditionell die neuen Münsteraner Tatort-Folgen eine Vorabpremiere zusammen mit den Darstellern feiern.

Vor dem Flechtheim- und dem Rhenusspeicher an der Südseite des Hafenbeckens – hier liegt auch das **Wolfgang-Borchert-Theater** (☞ Seite 125) – musste Thiel in „Das Wunder von Wolbeck" (☞ Seite 59) halsbrecherisch auf einem alten **34** Verladekran herumklettern. Stella Lembeck ist mit dem entführten Baby hier hoch geflüchtet und droht, es zu töten. Sie wirft schließlich das Kind ins Hafenbecken. Doch es stellt sich heraus, dass in dem Tuch nur ein Teddy eingewickelt war, während Boerne das echte Baby im Fluchtauto entdeckt.

Und auch für die Folge „Der Fluch der Mumie" (☞ Seite 53) entstanden einige Szenen am Stadthafen. Dabei wurde während der Dreharbeiten übrigens bei einem missglückten Stunt das Fluchtauto versehentlich im Hafenbecken versenkt. Kein Wunder, ist die vom Übeltäter Josef Bausch entführte Alberich doch mit dem Fluchtwagen halb über die Kaimauer gerast.

In „Satisfaktion" (☞ Seite 47) wird unweit des Krans die Leiche des ermordeten Gregor Baltus gefunden, ebenso wie ein verdächtiges Stück Pralinenpapier, mit dem später die Mörderin Friede Timme überführt werden kann.

Sie gehen nun ein kleines Stück zurück und folgen dem Weg um das Hafenbecken. Am Ende des Hafenbeckens halten Sie sich rechts und dann wieder rechts und kommen zur Hafenpromenade an der nördlichen Hafenseite. Hier befindet sich der so genannte **35 Kreativkai**, an dem auch zahlreiche gastronomische Einrichtungen zu finden sind. Nach der **Ausstellungshalle zeitgenössische Kunst Münster (AZKM)** halten Sie sich links und biegen dann links auf den Hafenweg ab. Sie folgen dem Hafenweg und biegen an der ersten Möglichkeit rechts in die Dortmunder Straße ab. Wenig später geht es dann abermals rechts auf den Hansaring. Sie folgen dem Verlauf der Straße. Hier finden sich nacheinander auch ein Penny- und ein Rewe-Supermarkt. Beide haben montags bis samstags von 7:00 bis 22:00 Uhr geöffnet.

Nach der Bundesnetzagentur biegen Sie rechts in die Schillerstraße ab. Wenn die Schillerstraße leicht bergan auf eine Brücke führt, nehmen Sie die links daneben verlaufende Straße, die ebenfalls Schillerstraße heißt (also, nicht (!) die Straße zur Brücke hinauf). Die Schillerstraße beschreibt eine u-förmige Kurve und geht in die Lambertistraße über. An dieser Stelle biegen Sie rechts auf den Fußweg ab und sofort wieder links, um ans Ufer des Dortmund-Ems-Kanals zu gelangen. Sie folgen der Kanalpromenade, die auch Memelufer heißt, geradeaus.

Sie unterqueren die Brücke an der Wolbecker Straße und kommen wenig später an die **36** Brücke an der Manfred-von-Richthofen-Straße. Unweit der Brücke, die Laerer-Landweg-Brücke heißt, wurde in „Zwischen den Ohren" (☞ Seite 57) ein verdächtiges Motorrad aus dem Wasser gefischt. Unmittelbar vor der Brücke halten Sie sich links. Eine kleine Stichstraße bringt Sie zur Manfred-von-Richthofen-Straße. Dort biegen Sie links ab. Sie folgen der Manfred-von-Richthofen-Straße und passieren dabei den Sportplatz des SC Münster 08 sowie ein ehemaliges Kasernengelände. An der zweiten Ampel überqueren Sie den Hohenzollernring geradeaus und setzen den Weg über die Sternstraße fort. Am Ende der Sternstraße biegen Sie rechts in die Wolbecker Straße ab und dann an der ersten Möglichkeit links in die Linnebornstiege. An deren Ende geht es dann rechts in die Schillerstraße. Wer mag, kann hier auch diagonal durch die Grünanlage am Bremer Platz gehen. Diese ist jedoch ein beliebter Treff für die Münsteraner Trinker- und Drogenszene und daher nur bedingt ein angenehmes Pflaster. An der nächste Ecke halten Sie sich links und Sie kommen wieder zur Ostseite des Hauptbahnhofs, wo die Tour nach 5,3 km endet.

☺ Da das Teilstück ab der Brücke der Manfred-von-Richthofen-Straße nicht sonderlich attraktiv ist, empfiehlt sich allerdings den Rückweg wieder über das Memelufer und vorbei am Kreativkai einzuschlagen.

Weitere Drehorte

Ergänzend dazu gibt es noch einige weitere Standorte in Münster, die für die Tatort-Folgen in Szene gesetzt wurden. So etwa für „Die chinesische Prinzessin" (☞ Seite 61) die nordöstlich der Innenstadt an der Gartenstraße liegende **37 Justizvollzugsanstalt** Münster (Gartenstraße 26, 48147 Münster, 💻 www.jva-muenster.nrw.de). Boerne, der verdächtigt wird, Songma ermordet zu haben, sitzt hier zwischenzeitlich ein und wird von einem Polizisten am Eingang abgeliefert und später hier von Thiel abgeholt.

Für die Folge „Summ, Summ, Summ" (☞ Seite 60) wurden in der Diskothek **38 Jovel** südöstlich der Innenstadt (Albersloher Weg 54, 48155 Münster, ☏ 02 51/20 10 70, 💻 www.jovel.de) die Konzertszenen mit Schlagerstar Roman König gefilmt. Empfohlen wurde der Drehort übrigens von Roland Kaiser, der selbst in Münster wohnt. Um das Konzert zu simulieren, wurden mehr als 200 Statisten ins Jovel eingeladen. Deren Rollen hatte der Hörfunksender WDR 4 im Rahmen einer Telefonaktion unter gut 130.000 Anrufern ausgelost.

Darüber hinaus sind die Tatort-Macher bei ihren Aufnahmen auch immer wieder im Münsteraner Speckgürtel unterwegs. Denn das Münsterland bietet gerade für die Außenaufnahmen zahlreiche prächtige Motive. So entstanden für „Der dunkle Fleck" (☞ Seite 33) die Szenen, bei denen die vermisste Tochter von Hermann Alsfeld im Morast auftaucht, rund 15 km vor den Toren der Stadt im **Venner Moor** bei **Senden** im Kreis Coesfeld.

Als Wohnsitz der Alsfelds diente **Schloss Harkotten** (💻 www.schlossharkotten.de) bei **Sassenberg** im Kreis Warendorf, rund 30 km östlich von Münster. Viele der Innenaufnahmen – insbesondere in der im Film zu sehenden Eingangshalle und im Treppenhaus – entstanden jedoch im Adelssitz **Haus Steinfurt** (Mühlenstraße 18, 48317 **Drensteinfurt,** 💻 www.westfalen-adelssitze.de/steinfurt.html) im Kreis Warendorf.

In **Senden** (💻 www.gemeinde-senden.de) südwestlich von Münster waren die Tatort-Macher auch für den Streifen „Höllenfahrt" (☞ Seite 51) im Einsatz. Am

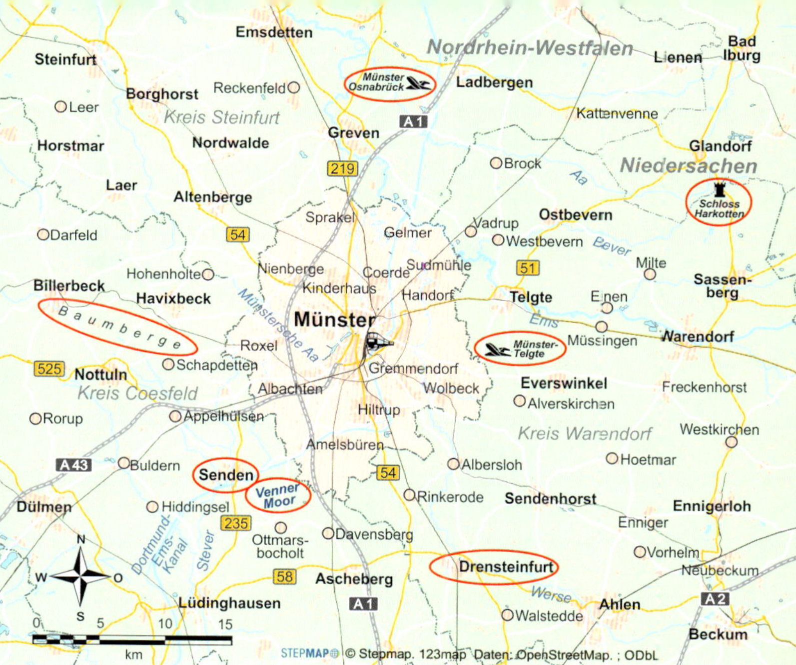

Ufer des Dortmund-Ems-Kanals bergen unweit der Schölling-Brücke Feuerwehrleute mit Tauchern und Boot eine Leiche. Wobei Feuerwehrleute von der Sendener und der Münsteraner Wehr für den Dreh als Komparsen abgestellt wurden.

Weitere Szenen wurden in den **Baumbergen**, dem mit 187 m über dem Meeresspiegel höchsten Höhenzug des Münsterlandes zwischen Münster und Coesfeld, abgedreht. Bei der hier gefilmten Überlandfahrt saßen jedoch statt der Schauspieler Axel Prahl und Jan Josef Liefers „nur" Doubles in dem Cabrio. Da die Kamera aber nicht sonderlich nahe an das Fahrzeug heranschwenkte, ist dies für den Zuschauer eigentlich nicht zu erkennen.

Unweit von diesem Drehort entstanden in und um **Billerbeck** auch zahlreiche Aufnahmen für die Folge „Spargelzeit" (☞ Seite 54). So wurde auf dem Parkplatz des Hotels Weißenburg eine „Standszene" im Taxi von „Vaddern", der zu Beginn der Folge als Spargeldieb ertappt wird, gedreht.

Für „Krumme Hunde" (☞ Seite 48) wurden Teile der Aufnahmen auf dem **Flugplatz Münster-Telgte** gemacht (Berdel 53, 48291 Telgte, ☏ 025 04/720 01, 💻 www.flugplatz-muenster-telgte.de). Hier besucht Thiel die Gastronomie des nordöstlich von Münster gelegenen Verkehrslandeplatzes, hier unterhält er sich mit Rummel neben einem abgestellten Flugzeug und von hier hebt der Kommissar mit dem Verdächtigen zu einem Flug über Münster ab. Zudem findet der Showdown, bei dem die Schuldige zu fliehen versucht, auf dem Flugplatz statt.

In „Ruhe sanft" (☞ Seite 46) wird der rund 20 km vor den Toren der Stadt gelegene **Flughafen Münster Osnabrück** (💻 www.fmo.de) gleich mehrfach in Szene gesetzt: Thiel will in den Urlaub nach Dakar. In Sichtweite der Landebahn und des Terminals hat „Vadderns" Taxi gleich zu Beginn der Folge jedoch eine Panne auf der Landstraße. Thiel muss in einen Leichenwagen umsteigen, der ihn zum Flughafengebäude bringt – doch er verpasst den Flug. Später unternimmt Thiel einen weiteren Versuch, in den Urlaub zu starten. „Vaddern" bringt ihn bis in die Abflughalle. Auf dem Weg zum Gate bekommt Thiel telefonisch mitgeteilt, dass Boerne entführt wurde, und kehrt erneut um.

In „Der dunkle Fleck" (☞ Seite 33) war der Flughafen Drehort für die Schlusssequenz, als Jennifer Müller, die Tochter der Ermordeten, von Thiel und Boerne verabschiedet wird.

Für „Das Wunder von Wolbeck" (☞ Seite 59) entstanden tatsächlich einige Ausschnitte an der Wolbecker Landstraße in Münster. Der im Film gezeigte Aussteigerhof des getöteten Arztes Raffael Lembeck ist jedoch in Wirklichkeit das **Gut Asperschlag** in Oberaußem, einem Stadtteil von **Bergheim** im Rhein-Erft-Kreis (💻 www.bergheim.de).

Auch die Szene, die Thiel und Boerne vor einer Kirche zeigt, wurde nicht im Münsterland mit der Kamera eingefangen. Vielmehr fand der Dreh vor der St.-Michaels-Kirche in **Hüchelhoven** statt, das ebenfalls zu Bergheim gehört. Hier entstanden an der Nikolaus-Adams-Straße zudem die Szenen in und vor der Dorfkneipe, während das als „Wolbecker Kraftwerk" dargestellte Kraftwerk im nahen **Niederaußem** liegt. Hier musste also ein gehöriges Stück Rheinland unweit von Köln aus Kostengründen für das Münsterland herhalten, was von ortskundigen Münsteranern entsprechend stark kritisiert wurde.

Es verwundert wenig, dass die Tatort-Macher nicht selten auf Kulissen in und um Köln setzen, um die Produktionskosten dank kurzer Wege und entfallender Übernachtungskosten niedrig zu halten. So wurden die Szenen im Hotel, in dem Schlagerstar König und Boerne in der Folge „Summ, Summ, Summ" (☞ Seite 60) absteigen, im **Bundesgästehaus** und im 🛏 Steigenberger Grandhotel Petersberg (Petersberg, 53639 Königswinter, ☎ 022 23/740, 💻 http://de.steigenberger.com) bei Bonn abgedreht. Und das Haus mit den Wohnungen von Boerne und Thiel liegt ebenfalls nicht im Münsteraner Kreuzviertel, sondern ist an der

Haydnstraße 49 in Köln zu finden. Auch die Büroräume des Kommissariats liegen in der Millionenstadt am Rhein – genauer gesagt im Stadtteil Braunsfeld.

Apropos Mogelpackung: Die in der Folge „Mord ist die beste Medizin" (☞ Seite 63) zu sehende Sanusklinik in Münster ist in Wirklichkeit das **Kreiskrankenhaus Dormagen** (Dr.-Geldmacher-Straße 20, 41540 Dormagen, ☏ 021 33/661, 💻 http://do.rkn-kliniken.de).

Beim Pferdehof in „Der Frauenflüsterer" (☞ Seite 42) handelt es sich tatsächlich um die Reitanlage Wasserburg Anstel in **Rommerskirchen** – im Speckgürtel von Köln.

Auch bei der Produktion von „Erkläre Chimäre" (☞ Seite 64) gab es wieder jede Menge „billige Platzhalter" für Münster. Das **Weingut Antwerpen** (Rheinstraße 218, 53332 Bornheim-Hersel, 💻 www.jakobantwerpen.de, ☏ 022 22/88 84) in Hersel, wo auf dem Hof und im Verkaufsraum gedreht wurde, dient unter dem Namen „Weingut Schosser" als Kulisse.

Gedreht wurde im Oktober 2014 zudem im leer stehenden St.-Josef-Krankenhaus in Monheim (💻 www.monheim.de) im Kreis Mettmann, wo Staatsanwältin Klemm und die endlich zur Kommissarin beförderte Nadeshda Krusenstern behandelt werden. Hauptkommissar Thiel kommt hier mit seinem Filmrad vorgefahren, während Boerne, der sein Cabrio unerlaubterweise auf dem Parkplatz des Klinik-Chefarztes Prof. Dr. Dr. Merlin abgestellt hat, seinem Wagen hinterherrennt, als dieser abgeschleppt wird.

Unabhängig davon geben sich Thiel und Boerne in dem Krankenhaus, das zum Zentrum der Ermittlungen wird, praktisch die Klinke in die Hand.

Aber es gibt auch in „Erkläre Chimäre" weitere Szenen, die tatsächlich in Münster eingefangen wurden. So rund um den Rosenplatz, wo auch die ✕ Gaststätte **Pinkulus** (Rosenplatz 6, 48143 Münster, 💻 www.pinkulus.de, ☏ 02 51/ 490 29 52) liegt, in der sich Axel Prahl nach den Dreharbeiten gerne mal einen gut gekühlten Gerstensaft schmecken lässt.

Auch für „Ein Fuß kommt selten allein" (☞ Seite 66) waren die Tatort-Macher viel außerhalb von Münster unterwegs. Die Szenen des Tanzwettbewerbs wurden in den Sartory-Sälen in Köln aufgezeichnet, während die Außenaufnahmen an der Stadthalle in Hilden entstanden. Zudem wurden Tanz- und Trainingsszenen in einer Tanzschule in Brühl eingespielt. Die Verfolgungsjagd zur Tankstelle setzt zwar auch den Prinzipalmarkt sowie den Domplatz in Münster ins Bild, jedoch wurde die Szene an der Tankstelle tatsächlich an der Kölner Straße in Weilerswist abgedreht. Die Kneipe, in der sich das Gros der Handlung in „Feierstunde" (☞ Seite 67) abspielt, sucht man in Münster vergeblich. Denn tatsächlich entstanden die Bilder im zwischenzeitlich geschlossenen „Gasthof Zur Post" im 5.000-Seelen-Nest Zons, das seit 1975 ein Stadtteil von Dormagen ist.

Und das futuristische Gebäude, in das der Medienproduzent Dr. Richard Stockmann in „Schlangengrube" (☞ Seite 70) einlädt, steht auf einer früheren NATO-Basis in Neuss. Der japanische Architekt Tadao Ando funktionierte die ehemalige **Raketenstation Hombroich** mit viel Glas, Stahl und Beton um. Heute werden in dem eindrucksvollen Gebäude Kunstausstellungen präsentiert.

Wissenswertes zum Münsteraner Tatort

▷ Die Filmwohnungen der Tatort-Ermittler Thiel und Boerne wurden schon mehrfach gewechselt und finden sich nicht in Münster, auch wenn der Anschein erweckt werden soll, dass sie sich im **Kreuzviertel** befinden.

▷ Aus Kostengründen „teilen" sich die Münsteraner Tatort-Ermittler die Pathologie mit den Kölner Kollegen. Soll heißen: Die Räumlichkeiten, in denen die Pathologie vermeintlich angesiedelt ist, sind bei beiden Tatort-Reihen dieselben.

▷ In „Der dunkle Fleck" (☞ Seite 33) nennt Thiel seinen Vater bei der allerersten (telefonischen) Begegnung in der allerersten Münsteraner Tatort-Folge nicht „Vaddern", sondern „Paps".

▷ „Auf der Reeperbahn nachts um halb eins", der Klingelton von Kommissar Thiels Handy, kann unter nachstehendem Link kostenlos per Download aufs eigene Handy geholt werden:
💻 www.daserste.de/unterhaltung/krimi/tatort/specials/klingelton-reeperbahn-zum-downloaden-100.html

▷ Der Tatort aus Münster könnte bald auch bundesweit über die Kinoleinwände flimmern. Mehrere Autoren entwickeln im Auftrag des WDR ein Drehbuch für den ersten Tatort-Kinofilm seit 1987 – damals ging Götz George als Horst Schimanski in „Zabou" auf Verbrecherjagd, nachdem er bereits 1985 mit „Zahn um Zahn" die Kinosäle gefüllt hatte.

▷ Mit „Fangschuss" (☞ Seite 68) stammte das Drehbuch für den Münsteraner Tatort zum 13. Mal aus der Feder des Autorenduos **Stefan Cantz** und **Jan Hinter.**

▷ In „Krumme Hunde" (☞ Seite 48) war die kleinwüchsige Silke „Alberich" Haller größenmäßig nicht allein. Eine deutsche Dogge, die sie in der Folge in Pflege nimmt, begegnete der 1,32 m großen Darstellerin ChrisTine Urspruch mehr oder weniger auf Augenhöhe.

▷ Nicht alle Tatort-Ermittler haben eine so lange „Halbwertzeit" wie Thiel und Boerne. 20 Kommissare waren nur in einem einzigen Tatort im Einsatz.

▷ In der Folge „Höllenfahrt" (☞ Seite 51) wird keine einzige Ansicht aus Münster gezeigt. Alles spielt im umliegenden Münsterland.

▷ „Vaddern" spielt in den Folgen „Höllenfahrt" (☞ Seite 51) und „Fangschuss" (☞ Seite 68) überhaupt nicht mit. Nur mittels eines Telefongesprächs wird angedeutet, dass es ihn gibt.

▷ 2009 produzierte der Norddeutsche Rundfunk mit „Zwei Kommissare auf Spurensuche" eine Sendung, in der Axel Prahl und Jan Josef Liefers als Thiel und Boerne in fünf Etappen Mecklenburg-Vorpommern durchwanderten und dabei – begleitet von ihren üblichen verbalen Scharmützeln – Land und Leute vorstellten.

▷ Alfred Hitchcock lässt grüßen: Regisseur und Autor **Lars Kraume** taucht in der Schlussszene von „Der Hammer" selbst auf und fotografiert Boerne und Thiel.

▷ Claus Dieter Clausnitzer mimte den Regisseur in Loriots berühmten Sketch über den Lottogewinner Erwin Lindemann.

▷ Vor der Erstausstrahlung im Fernsehen feiern die Münsteraner Tatort-Folgen immer im **Cineplex**-Kino (💻 www.cineplex.de/muenster), das in neun Sälen 2.761 Plätze bietet, im Beisein der Darsteller Premiere. Dies wird von den Machern als eine Art Dankeschön an die Münsteraner Bevölkerung für die mit den Dreharbeiten verbundenen Unannehmlichkeiten interpretiert.

▷ Axel Prahl ist beim Sonntagsabend-Krimi schon mal „fremdgeganger": In der Poilzeiruf-110-Folge „Wandas letzter Gang" aus dem Jahre 2002 spielte er den Kidnapper Paul Kieslowski.

▷ Für die ersten 25 Tatort-Folgen aus Münster wurden zusammen genau 575 Drehtage benötigt.

▷ Anna Loos, die Ehefrau von Jan Josef Liefers, spielte über Jahre im Kölner Tatort die Sekretärin des Ermittlerduos Ballauf und Schenk.

▷ Die von Axel Prahl gespielte Figur des Kommissars Frank Thiel sollte ursprünglich Timo Thieme oder Leo Lenz heißen.

▷ Im Februar 2011 durften sich Axel Prahl, Jan Josef Liefers und ChrisTine Urspruch im **Friedenssaal** des historischen Rathauses in das **Goldene Buch** der Stadt Münster eintragen und dabei auch den obligatorischen Schluck aus dem Goldenen Hahn nehmen.

▷ Unmittelbar vor der Erstausstrahlung von „Ein Fuß kommt selten allein" (☞ Seite 66) wurde eine neue Tatort-App der ARD freigeschaltet. Diese bietet die Möglichkeit, vier Wochen lang die neueste Tatort-Folge aus der Mediathek abzurufen. Zudem ermöglicht die App dem Zuschauer die Teilnahme an den Ermittlungen am sogenannten Second Screen parallel zur Ausstrahlung im Fernsehen.

▷ 2017 ist eine Minifliege, die vom Insektenforscher Jens Hermann Stuke, der ein passionierter Liebhaber des Münsteraner Tatorts ist, entdeckt wurde, nach Pathologie-Assistentin „Alberich" benannt worden. Das Insekt trägt nun den Namen *Hemeromyia alberichae*.

▷ Im November 2017 hat der Energiekonzert E.O.N. eine Statistik veröffentlicht, wonach die Münsteraner Tatort-Folge „Fangschuss" (☞ Seite 68) mit ihren 14,56 Millionen Zuschauern bei der Erstausstrahlung für einen Stromverbrauch von 641 MWh gesorgt hat – das entspricht einem durchschnittlichen Jahresverbrauch von 160 vierköpfigen Familien und dem höchsten Stromverbrauch aller bisher gezeigten Tatort-Folgen.

▷ Mit „Schlangengrube" (☞ Seite 70) legte das Autorenduo Stefan Cantz und Jan Hinter bereits das Manuskript für seinen nunmehr 14. Fall aus Münster vor.

▷ Tierischer Star in „Schlangengrube" (☞ Seite 70) ist Brillenpinguin Sandy. Das 50 cm große Weibchen, das im Nürnberger Zoo geschlüpft ist und von Tierpfleger Peter Vollbracht mit der Hand aufgezogen wurde, ist tatsächlich seit 1996 im Münsteraner Allwetterzoo zu Hause. Für Sandy waren die Dreharbeiten nichts Neues, schließlich ist die Pinguindame bereits in der ARD Doku-Soap „Pinguin, Löwe & Co." sowie in verschiedenen Fernsehshows wie „Harald Schmidt", „Johannes B. Kerner" oder „TV Total" aufgetreten.

▷ Bei den Dreharbeiten zu „Schlangengrube" (☞ Seite 70) wurde Schauspieler Axel Prahl von einem Pinguin im Allwetterzoo attackiert und in den Hals gepickt. Dabei verpasste der flugunfähige Vogel die Halsschlagader nur knapp, hinterließ aber eine mehrere Zentimeter lange Wunde. Prahl selbst kommentierte die Attacke auf seiner Facebook-Seite mit viel Humor: *„Ich hätte tot sein können!!! Beim Tatort ist sogar der Dreh spannend und gefährlich. Aber ihr wisst ja, ich mache alle meine Stunts selbst."*

▷ Im Jahr 2018 kommt mit „Schlangengrube" (☞ Seite 70) erstmals nur ein neuer Münsteraner Tatort ins Fernsehen. Grund ist, dass sich die Macher entschieden haben, eine kleine Pause einzulegen, da Friederike Kempter alias Kommissarin Nadeshda Krusenstern im Sommer 2018 ihr erstes Kind erwartet. Um auf die Darstellerin nicht verzichten zu müssen, wurden die Dreharbeiten für die nächste Tatort-Folge aus Münster auf den Herbst 2018 verschoben.

▷ Eine besondere Ehre wurde den Münsteraner Tatort-Ermittlern im April 2018 zu Teil: Adaptionen ihrer Figuren, die große Ähnlichkeiten mit Axel Thiel und Jan Josef Liefers haben, spielen als „Hoerne" und „Viel" in dem Donald Duck Abenteuer „Tatort Entenhausen" (Lustiges Taschenbuch Nummer 506, 💻 www.lustiges-taschenbuch.de/ausgaben/alle-ausgaben/ltb-506-tatort-entenhausen) eine gewichtige Rolle.

In die Statistenrolle schlüpfen

Wie bei anderen Filmproduktion werden für den Münsteraner Tatort immer wieder auch Statisten gesucht. In der Regel erfolgt dies mithilfe der Agentur Eick, die auch Komparsen für die Tatort-Folgen aus Köln und Dortmund vermittelt. Dort können sich Interessierte entsprechend registrieren lassen.

ℹ Agentur Eick, Hülsenbecke 22, 58256 Ennepetal, ☏ 023 33/797 84 99, ✉ info@agentur-eick.de, 💻 www.agentur-eick.de

Dialog-Highlights des Münsteraner Tatorts

- In „Der dunkle Fleck" (☞ Seite 33) behauptet Boerne von seinem Zahnarzt: „*Der Mann versteht von Musik so viel wie ein Blinder von den Farben.*"
- In „Der dunkle Fleck" (☞ Seite 33) sagt Boerne nach einer verlorenen Kickerpartie gegen Alberich: „*Diese Dame hat mich gerade beim Kickern besiegt. Wahrscheinlich hat sie ein Verhältnis mit meinem Torwart. Passen ja gut zusammen – rein größentechnisch.*"
- In „Ruhe sanft" (☞ Seite 46) waschen Boerne und Thiel mal wieder auf ganz spezielle Art schmutzige Wäsche. Thiel: „*Boerne, was haben Sie mit meinem T-Shirt gemacht?*" – Boerne: „*Gewaschen. Das war auch dringend nötig.*" Thiel ist entsetzt: „*Es ist total eingelaufen*", stellt er fest. Doch Boerne kann ihn beruhigen: „Na, dann schenken Sie es Alberich, der passt es jetzt bestimmt."
- In „Ruhe sanft" (☞ Seite 46) hat Thiel zudem wenig Mitleid mit Boerne, nachdem dieser angegriffen wurde: „*Warum konnte der Schlag nicht Ihr Sprachzentrum treffen?*"
- In „Satisfaktion" (☞ Seite 47) gibt Boerne nach dem Leichenfund im Wald Auskunft über die mögliche Todesursache: „*Man hat ihn hier splitterfasernackt verbuddelt, was natürliche eine gewisse Fremdeinwirkung nahelegt, oder die Mitgliedschaft in einer Nudistenkolonie.*"
- Außerdem stellt Boerne in „Satisfaktion" (☞ Seite 47) mit Blick auf den Toten schlauschweinig fest: „*Der liegt hier schon seit mehreren Kaninchengenerationen.*"
- In „Sag nichts" (☞ Seite 36) wird in der Rechtsmedizin Feueralarm ausgelöst, nachdem Staatsanwältin Klemm heimlich auf der Toilette geraucht hat. Als das Gebäude evakuiert werden muss, sagt Boerne: „*Kommen Sie, Alberich, Professoren und Kleinwüchsige zuerst!*"
- In „Fakten, Fakten" (☞ Seite 34) sagt Boerne mit Blick auf den hinterm Lenkrad erschossenen Jürgen Wilken zu Thiel: „*Er hatte 1,8 Promille im Blut. Aber den Führerschein könnt ihr ihm ja jetzt nicht mehr abknöpfen.*"
- In „Spargelzeit" (☞ Seite 54) mutmaßt Boerne über Thiels Sexualleben und rät: „*Spargel kann sehr helfen, wenn sich Ihr kleiner Kommissar noch mal der Sonne entgegenstrecken will.*"
- In „Eine Leiche zu viel" (☞ Seite 40) stellt Thiel fest: „*Der Klügere gibt nach!*" – Darauf der unnachahmliche Boerne: „*Ich gebe doch gar nicht nach!*"

- ▷ In „Eine Leiche zu viel“ (☞ Seite 40) macht sich Thiel seine ureigenen Gedanken über Boerne: *„Ich wusste gar nicht, dass Sie eine Mutter haben.“* Darauf Boerne: *„Und was für eine!“* – Doch Thiel lässt nicht locker: *„Ich hätte schwören können, Sie sind im Reagenzglas entstanden.“*
- ▷ In „Dreimal schwarzer Kater“ (☞ Seite 35) sagt Boerne zum überaus schweigsamen und wortkargen Thiel: *„Ich könnte stundenlang so angeregt plaudern. Die Konversation mit Ihnen gehört zu den wertvollsten Momenten meines Lebens. Bedauerlicherweise ein viel zu seltenes Geschenk.“*
- ▷ In „Dreimal schwarzer Kater“ (☞ Seite 35) sagt Boerne zu Thiel, der nach seiner vermeintlichen Liebschaft mit Katharina Stoll gefragt hat: *„Sie haben nicht mehr alle Pfeile im Köcher – Sie Amor für Kassenpatienten.“*
- ▷ In „Der Frauenflüsterer“ (☞ Seite 42) gibt Boerne, nachdem er kräftig was auf die Nase bekommen hat, mal wieder an wie ein Sack Sülze und konstatiert: *„Ich hatte mal den grünen Gürtel.“* – Doch Thiel zeigt sich wenig beeindruckt und kontert: *„Ja, und jetzt ein rotes Taschentuch.“*
- ▷ Ebenfalls in „Der Frauenflüsterer“ (☞ Seite 42) rutscht dem erstaunten Boerne ein: *„Mir fehlen die Worte.“* heraus. Eine dankbare Steilvorlage für Thiel, der sofort kontert: *„Schön wär's.“*
- ▷ In „Wolfsstunde“ (☞ Seite 49) rät die kleinwüchsige Alberich ihrem Chef Boerne, sich eine Familie mit Frau und Kind zuzulegen. Darauf der Rechtsmediziner: *„Wenn ich eine Kleinfamilie möchte, Alberich, halte ich mich an Sie.“*
- ▷ In „Der doppelte Lott“ (☞ Seite 43) fahren Boerne und der schweigsame Thiel zur Rechtsmedizin nach Köln. Dort angekommen meint Boerne: *„Immerhin hatten Sie exzellente Unterhaltung während der Fahrt!“* Darauf Thiel: *„Unterhaltung? Ist das nicht, wenn beide reden?“*
- ▷ In „Der doppelte Lott“ (☞ Seite 43) fragt Bürgermeisterkandidat Frieder Lott Kommissar Thiel, als der dessen Wohnung durchsuchen will: *„Haben Sie eigentlich Anweisungen von ganz oben?“* Darauf Thiel: *„Tut mir Leid. Ich bin nicht gläubig!“*
- ▷ In „Krumme Hunde“ (☞ Seite 48) beschimpft Boerne seine Cousine, die offenbar um die Gunst des reichen Erbonkels Rudolf buhlt: *„Sein Anus war bereits besetzt. Da hast du es dir ja gemütlich gemacht.“*
- ▷ Ebenfalls in „Krumme Hunde“ (☞ Seite 48) sagt Boerne beim Anblick des bis auf die Unterhose entkleideten Mordopfers Mang: *„In derart alter Leibwäsche wollte ich meinem Schöpfer nicht entgegentreten.“*

- ▷ In „Der Fluch der Mumie" (☞ Seite 53) hat Boerne mal wieder eine hohe Meinung von sich selbst und bezeichnet sich als „Jahrhundertkoryphäe". Darauf stutzt ihn Thiel dezent auf Normalmaß zurück: „*Windbeutel und Schaumschläger.*"
- ▷ Boerne belehrt in „Das ewig Böse" (☞ Seite 44) seine kleinwüchsige Assistentin: „*Alberich, wenn der Kuchen spricht, schweigt der Krümel.*"
- ▷ In „Tempelräuber" (☞ Seite 52) macht Boerne Thiel ein besonderes Kompliment: „*Was ist denn mit Ihrem Gesicht? Ein Lächeln? Oder hatten Sie einen Schlaganfall?*"
- ▷ In „Hinkebein" (☞ Seite 58) artikuliert Thiel mal wieder trefflich seine (geringe) Meinung über Boerne: „*Boerne lebt in sehr harmonischer Beziehung – mit sich selbst.*"
- ▷ In „Hinkebein" (☞ Seite 58) läuft auch die Zusammenarbeit zwischen den beiden Ermittlern mal wieder nicht ganz rund. So stellt Thiel fest: „*Das Schloss ist auf der anderen Seite.*" – Darauf der neunmalkluge Boerne: „*Dann müssen wir das Haus umdrehen.*"
- ▷ In „Der Hammer" (☞ Seite 62) möchte Thiel sich ohne Boerne weiter mit Nadeshda und Staatsanwältin Klemm unterhalten. Doch Boerne will partout nicht gehen. Darauf Thiel: „*Das ist die Tür. Bitte. Da hat der Maurer für Sie das Loch gelassen.*"
- ▷ In „Mord ist die beste Medizin" (☞ Seite 63) besucht Thiel Boerne, der sich selbst eingeliefert hat, im Krankenhaus. Dieser sagt: „*Was würden Sie sagen, wenn ich Ihnen sagen würde, dass meine Lebenszeit begrenzt ist?*" Darauf Thiel: „*Na, das hoffe ich doch.*" Boerne ist entsetzt: „Was?" Darauf Thiel: „*Dachten Sie jetzt wirklich, Sie seien Gott?*"
- ▷ In „Mord ist die beste Medizin" (☞ Seite 63) weiß Thiel noch einen draufzusetzen. Er sagt zu Boerne: „*Jetzt sterben Sie mal in Ruhe, ich rufe Sie dann später an.*" Derweil konstatiert Boerne: „*Am liebsten sind mir die Menschen, die ich nicht kennenlerne.*"
- ▷ Ebenfalls in „Mord ist die beste Medizin" (☞ Seite 63) liegt Boerne zwischenzeitlich mit DJ Bishudo, der extrem laut Musik hört und an Hodenkrebs erkrankt ist, in einem Krankenzimmer. Die beiden sind sich nicht gerade freundschaftlich verbunden. Und so sagt Bishudo zu Boerne: „*Oah, Alter, du gehst mir so richtig auf die Eier, Mann.*" Darauf Boerne in seiner unnachahmlichen Art: „*Demnächst Singular – oder sind beide betroffen?*"
- ▷ In „Erkläre Chimäre" (☞ Seite 64) will Thiel wissen, wann er mit ersten Erkenntnissen von Boerne zum Mordopfer rechnen kann. Boerne hatte

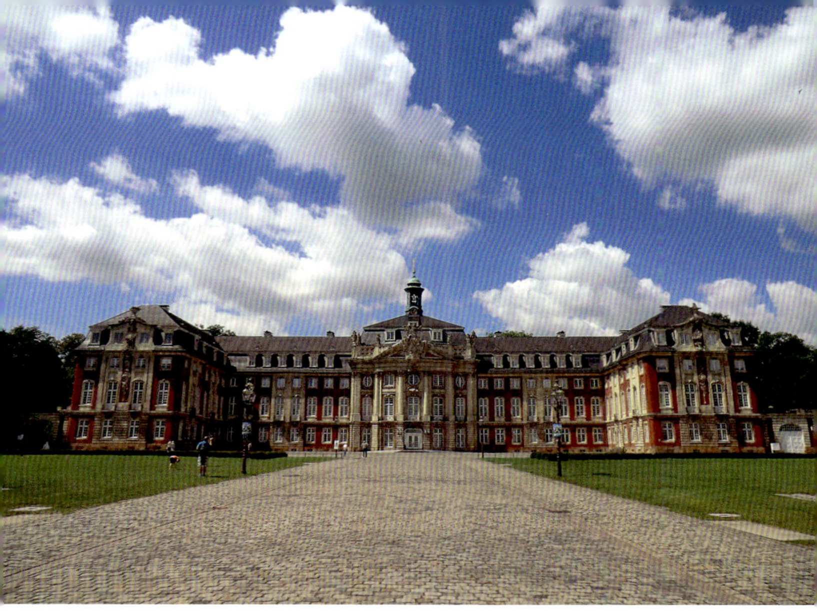

Das Schloss ist in „Mord ist die beste Medizin" mehrfach zu sehen © ar

sich zuvor mit Alberich in der Wolle und sagt mit Blick auf seine Assistentin: „*Wenn die da mit ihrem vertikalen Wachstum fertig ist.*"

▷ In „Erkläre Chimäre" (☞ Seite 64) schwärmt „Vaddern" von Taxifahrerin Tine Haemmer und sagt, die sei der Hammer. Darauf Boerne: „*Die ist aber schon eher ein Vorschlaghammer.*"

▷ Staatsanwältin Klemm faltet in „Erkläre Chimäre" (☞ Seite 64) Thiel zusammen, nachdem ihm der Verdächtige Tom Schosser zum zweiten Mal entwischt ist: „*Jetzt schauen Sie nicht aus der Wäsche wie ein Schuljunge, den man beim Onanieren erwischt hat.*"

▷ „*Wir sagen nicht Patienten*", klärt Professor Weimar den verdutzten Thiel in „Schwanensee" (☞ Seite 65) mit Blick auf die Bewohner des Therapiezentrums auf. Darauf der verdutzte Kommissar: „*Sondern? Alltagsüberforderungsopfer?*"

▷ Nachdem Alberich in „Schwanensee" (☞ Seite 65) entdeckt, dass das Nachthemd der Toten nicht von Mona Lux stammen kann, sagt Boerne zu seiner nicht gerade groß gewachsenen Assistentin: „Alberich, ich könnte Sie küssen. Ich habe nur a) Rücken und b) keine Zeit."

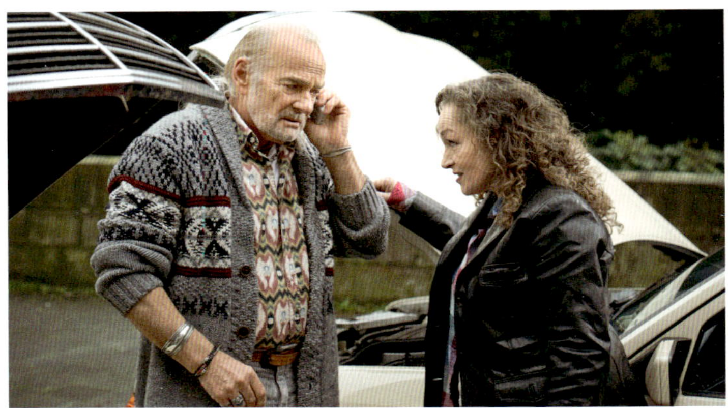

„Vaddern" und Tine Haemmer in „Erkläre Chimäre" © ukp

- Nachdem Thiel in „Fangschuss" (☞ Seite 68) feststellt, dass das erste Opfer, Sebastian Sandberg, viel zu sportlich für einen Nerd war, merkt Boerne mit Blick auf das Sport-Outfit des Kommissars (der gerade ins Fitnessstudio wollte, als er zum Tatort bestellt wurde) an: „*Wenn ich in diesem Augenblick ein Foto mache, dann sehen sie auf dem Foto aus wie ein Hochleistungssportler. In Wahrheit sind sie aber nur ein Chips vertilgender, polsterpupsender Fußballgucker.*"
- Boerne lässt beim Frisör in „Fangschuss" (☞ Seite 68) seine schwindenden Haare untersuchen und fragt: „*Schlimm?*" Darauf der Frisör: „*Schlimm nicht. Aber früher oder später werden Sie mich fürs Haar finden bezahlen müssen.*" Und Boerne antwortet: „*Sie legen wohl keinen gesteigerten Wert mehr auf Trinkgeld, oder?*"
- Boerne will in „Fangschuss" (☞ Seite 68) unbedingt das vermeintlich Superhaarwuchsmittel haben und biedert sich entsprechend bei Fabrikbesitzerin Dr. Freya Freytag an: „*Betrachten Sie mich als Versuchstier!*" Darauf die Geschäftsfrau und Jägerin: „*Wenn ich Sie so anschaue – Sie haben tatsächlich eine gewisse Ähnlichkeit mit einem Stummelschwanzmakaken.*"
- Boerne fabuliert in „Ein Fuß kommt selten allein" (☞ Seite 66), als er mit Thiel vor dem riesigen Haus von Dr. Winfried Steul vorfährt: „*Orthopäde*

müsste man sein! Die Patienten sterben nicht, gesund wird auch keiner, aber man schreibt immer weiter seine Rechnungen."

- ▷ Nachdem Boerne in „Ein Fuß kommt selten allein" (☞ Seite 66) erkennt, dass seine Chancen, wie Alberich das Bundesverdienstkreuz zu erhalten, nicht sonderlich groß sind, fragt er: *„Was ist schon ein Orden? Ein Gegenstand, der mit wenig Metall viel Eitelkeit befriedigt."*
- ▷ Vergeblich versucht Alberich in „Feierstunde" (☞ Seite 67) Boerne anzurufen, landet aber bei dessen Anrufbeantworter, wo folgende Ansage erklingt: *„Guten Tag, Sie sind verbunden mit der Mailbox von Karl-Friedrich Boerne. Bitte belästigen Sie mich nicht mit Nichtigkeiten. Sollten Sie etwas Wichtiges zu sagen haben, rufen Sie bitte später noch mal an. Nur falls Sie mit Ihrem Namen angeben möchten, hinterlassen Sie eine Nachricht nach dem Ton."*
- ▷ In „Gott ist auch nur ein Mensch" (☞ Seite 69) spricht Boerne seine Untersuchungsergebnisse in ein Diktiergerät. Während er kurz seine Gedanken sammelt, „wagt" Alberich ungefragt ihre Gedanken zu äußern. Darauf Boerne entrüstet: *„Wenn große Geister pausieren, heißt das nicht, dass sie aus niederen Gefilden Schützenhilfe brauchen."*
- ▷ In „Schlangengrube" (☞ Seite 70) serviert Boerne erst eine Leiche, dann ein passendes Gericht dazu. Thiel dazu: *„Lecker! Frisch sezierte Alkoholikerleber à la Verkehrsunfall mit Apfel, Zwiebel und platt gefahrenem Rotkohl."* Und als Boerne seinen „Dialog der Kriminalistik" kredenzt, meint Thiel: *„Das ist weniger ein Dialog; das ist wie ein Monolog von Ihnen – der Trüffelschaum dominiert die geröstete blaue Kartoffel."*
- ▷ In „Schlangengrube" (☞ Seite 70) ist Boerne die Beurteilung seiner Kochkünste durch Thiel nicht so recht, daher raunzt er ihn an: *„Für jemanden, der sich Tag und Nacht Fast Food reinstopft, führen Sie kulinarisch 'ne ganz schön kesse Lippe!"*
- ▷ In „Schlangengrube" (☞ Seite 70) ermahnt Boerne seine kleinwüchsige Assistentin: *„Alberich, jetzt reden Sie doch nicht länger, als Sie selber sind."*

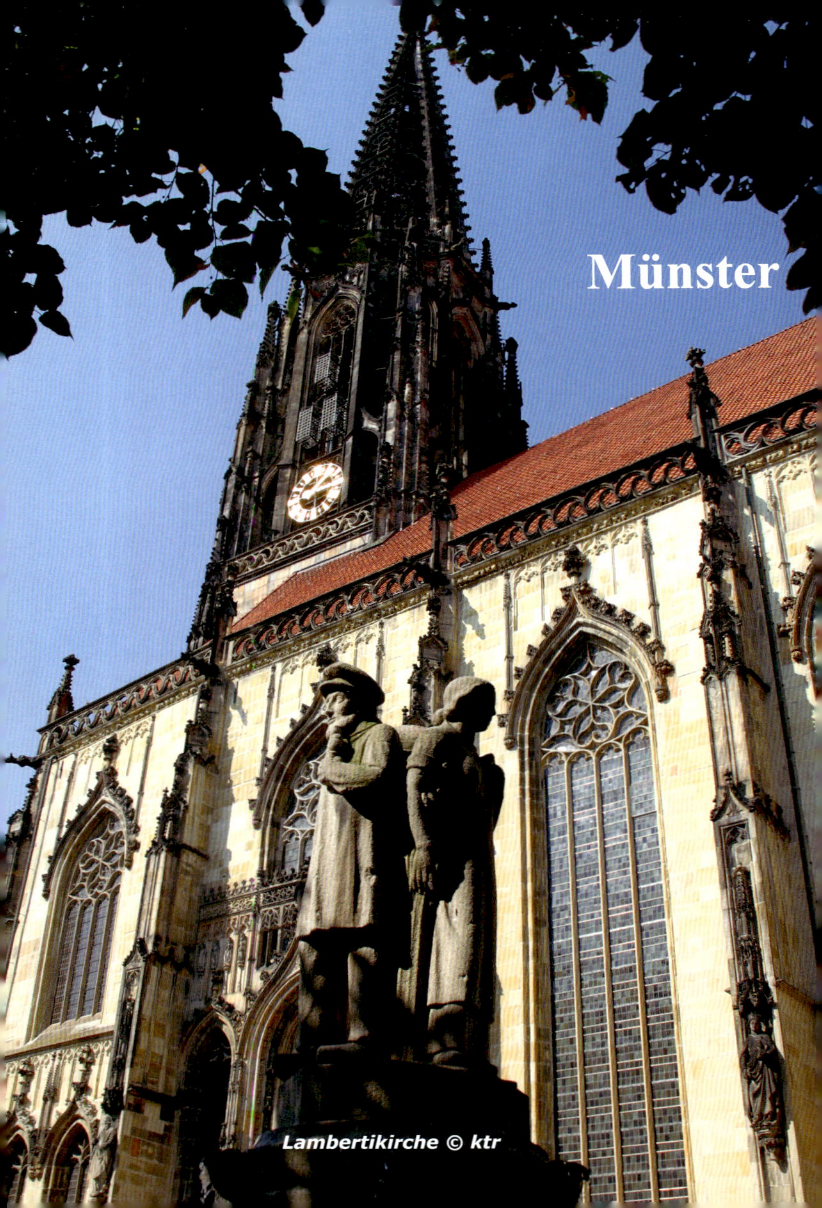
Münster
Lambertikirche © ktr

Filmservice Münster.Land

Seit 1999 unterhält die Stadt Münster einen Filmservice, der dem städtischen Presseamt angegliedert ist. Unterstützt durch die Marketinginitiative Münsterland e.V. sowie die Industrie- und Handelskammer Nord Westfalen ist der **Filmservice Münster.Land** (💻 www.filmservice-muenster-land.de) unter Leitung von **Nicola Ebel** seither erste Anlaufstelle bei allen Filmschaffenden, die in Münster drehen möchten.

Die Einrichtung unterstützt Filmcrews bei der Durchführung von Dreharbeiten in Münster und im Umland, hilft bei der Suche nach geeigneten Drehorten und besorgt die eine oder andere Requisite wie Taxischilder, Fotos der Stadt oder auch schon mal ein Baby.

Dabei werden inzwischen längst nicht mehr nur die Tatort- und Wilsberg-Folgen in Münster und Umland abgedreht, sondern mehr und mehr auch Spielfilmproduktionen wie der preisgekrönte Film „Mein Freund aus Faro" im Jahre 2007.

Daneben erweist sich auch das Ordnungsamt Münster als unerlässlicher Partner für die Filmcrews. **Udo Seegers** ist hier für die Filmemacher der wichtigste Ansprechpartner. Seine Dienststelle veranlasst etwaige Straßensperrungen und Umleitungen, sorgt für Verkehrsregelungen oder für Ausnahmegenehmigungen für Nachtaufnahmen. Wobei ein Hauptaugenmerk darauf liegt, den normalen Verkehr in der Stadt so wenig wie möglich zu belasten. Daher wird gerne bei Filmaufnahmen von sogenannten Intervallsperrungen Gebrauch gemacht. Das heißt, Straßen oder Teile von Straßen sind immer nur minutenweise während tatsächlicher Dreharbeiten gesperrt. In den Drehpausen rollt der Verkehr an diesen Stellen dann ganz normal.

Münster in Zahlen
Fläche: 303 km²
Höchster Punkt: 97 m über Normalnull (Mühlenberg)
Tiefster Punkt: 44 m über Normalnull (an der Ems)
Größte Nord-Süd-Ausdehnung: 24,4 km
Länge der Stadtgrenze: 107 km
Einwohner: 307.000 (Stand Juni 2017)
Studierende: 49.000
Agrar- und Grünflächen: 16.058 ha
Wasserflächen: 847 ha
Autokennzeichen: MS

Partnerstädte: York (England), Orléans (Frankreich), Kristiansand (Norwegen), Monastir (Tunesien), Rishon-Le-Zion (Israel), Fresno (USA), Rjasan (Russland), Mühlhausen (Deutschland), Lublin (Polen)

Münster entdecken

Stadt der Studenten, Stadt der Radfahrer, Stadt der Wissenschaft und Stadt mit dem wohl schrägsten Tatort-Ermittlerteam – Münster (💻 www.muenster.de) punktet nicht nur bei den positiven Bezeichnungen für die 307.000-Seelen-Gemeinde. Eine Tour auf Schusters Rappen durch das Zentrum der Fahrradmetropole zeigt, dass hier historische Traditionen und moderne Lebensart Hand in Hand gehen.

Den lebendigen Mittelpunkt von Münster, das als bedeutender westfälischer Dienstleistungs- und Verwaltungsstandort gilt, bildet ohne Zweifel der **Prinzipalmarkt**. Zu beiden Seiten reihen sich insgesamt 48 prächtige Häuser aus der Zeit der späten Gotik und der Renaissance aneinander, bei dem kein Giebel dem anderen gleicht. Schon im 12. Jahrhundert errichteten hier Kaufleute ihre Häuser und boten unter Bögen geschützt vor dem Unbill des Wetters ihre Waren feil. Bereits im Jahre 1280 gab es eine geschlossene Bebauung.

Stadthausturm © ktr

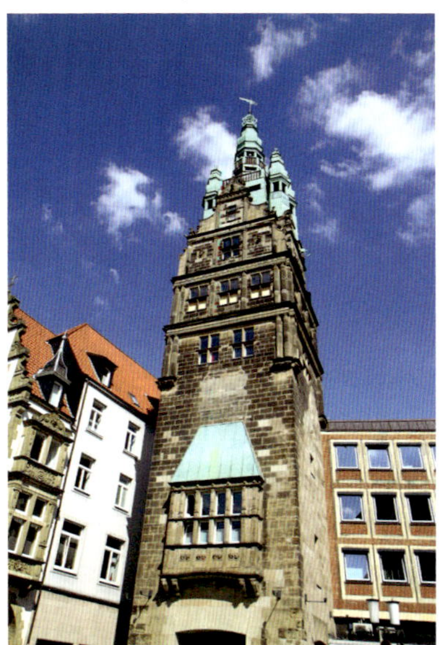

Im Zweiten Weltkrieg weitgehend zerstört, wurden die Häuser bis ins Jahr 1958 historisch wieder aufgebaut.

Begrenzt wird die Straße an der Südseite durch den **Stadthausturm**, an der Nordseite durch die **Lambertikirche**.

Dieses Gotteshaus gilt als wichtigstes Bauwerk der westfälischen Spätgotik und wurde zwischen 1375 und 1450 errichtet. Schaurige Berühmtheit erlangte die Kirche durch die Tatsache, dass am Turm im 16. Jahrhundert die Leichname dreier Wiedertäufer nach deren Hinrichtung in eisernen Körben aufgehängt und so „ausgestellt" wurden. Täglich außer dienstags bläst der Türmer – derzeit wird diese Aufgabe von einer Frau übernommen – von St. Lamberti zwischen 21:00 und Mitternacht sein Horn aus Kupfer und Messing.

♦ Lambertikirchplatz, ☏ 02 51/448 93, 💻 www.st-lamberti.de

Der **Stadthausturm** an der Mündung der Ludgeristraße in den Prinzipalmarkt ist der letzte noch erhaltene Teil des ehemaligen Stadthauses aus dem Jahre 1907. Täglich erklingt hier um 11:00, 15:00 und 19:00 ein Glockenspiel.

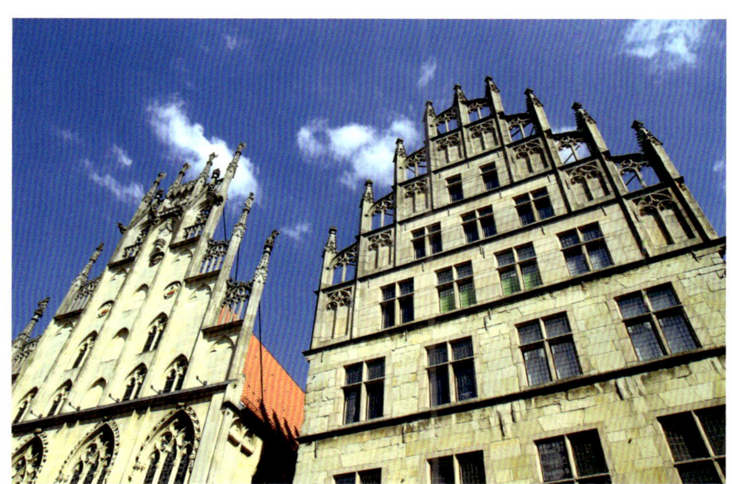

Rathaus © ktr

Am Prinzipalmarkt befindet sich auch das **historische Rathaus** von Münster. Es gehört zusammen mit dem **St.-Paulus-Dom** zu den Wahrzeichen der Stadt.

Vermutlich in Teilen bereits vor dem Jahre 1200 gebaut, gelangte es durch die Verhandlungen zum **Westfälischen Frieden**, der den Dreißigjährigen Krieg beendete, zur Berühmtheit. Außerdem wurde hier 1648 der Spanisch-Niederländische Krieg beigelegt und somit der **Frieden von Münster** geschlossen, der die Entstehung der modernen Niederlande ermöglichte.

Nördlicher Nachbar des Rathauses ist das im Jahre 1615 fertiggestellte Stadtweinhaus. Hier wurden in früheren Jahren die Stadtwaage und die Weinvorräte, für die der Rat das Monopol besaß, aufbewahrt. Vom Balkon unter dem Stadtwappen wurden zudem früher die Rats- und Gerichtsbeschlüsse verkündet.

St.-Paulus-Dom © ktr

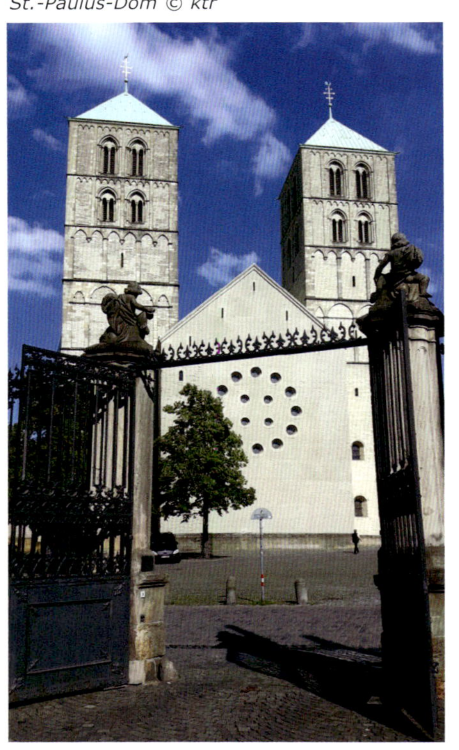

Der **St.-Paulus-Dom** bildet das religiöse Zentrum des Bistums Münster. Das Gotteshaus, dessen erster Bau bereits 805 begonnen wurde, entstand zwischen 1225 und 1264. Bedingt durch schwere Schäden während des Zweiten Weltkriegs wurde der Dom in den 1950er-Jahren umgebaut und umgestaltet. Dabei verzichteten die Bauherren auf die Wiederherstellung des Westwerks, des aufwendig gestalteten Westportals. Stattdessen wurde hier eine schlichte Steinwand mit 16 kleinen Fenstern eingebaut.

Zu den Besonderheiten im Innern des Doms zählt die Astronomische Uhr aus dem Spätmittelalter. Montags bis samstags um 12:00 sowie sonn- und feiertags um 12:30 begeben sich in 8 m Höhe die „Heiligen Drei Könige" zu den Klängen eines Glockenspiels auf einen kleinen Gang durch die Kirche. Am besten ist das Ganze vom Chor des Gotteshauses aus zu sehen.

In der **Domschatzkammer** sind religiöse Kunstschätze, aber auch wertvolle Goldschmiedestücke und Textilien aus verschiedenen Jahrhunderten ausgestellt. Aufgrund der maroden Klimaanlage und dringend notwendiger Reparaturarbeiten bleibt die Domschatzkammer ab Juli 2017 für unbestimmte Zeit geschlossen. Bis Mitte 2018 soll ein Konzept erstellt werden, wie der Domschatz künftig gezeigt werden kann. Details standen bei Redaktionsschluss noch nicht fest.

♦ Domplatz 28, ☏ 02 51/495 67 00, 💻 www.paulusdom.de,
Domschatzkammer: tägl. außer Mo 11:00-16:00

Gegenüber dem Dom liegen das **Bischöfliche Palais** und das Generalvikariat des Bistums Münster (💻 www.bistum-muenster.de), die in der 1732 errichteten ehemaligen Domdechanei untergebracht sind.

Rund um die Salzstraße finden Sie die sogenannte „**Barockinsel**" – ein Ensemble aus drei überaus markanten Gebäudekomplexen: dem **Erbdrostenhof**, der **Dominikanerkirche** sowie der **Clemenskirche** mit dem dazugehörigen Garten.

Zu den markantesten Gotteshäusern der Stadt zählt fraglos auch die **Überwasserkirche** (💻 www.liebfrauen-muenster.de), die auch Liebfrauenkirche genannt wird. Bei der Namensgebung stand die Lage der Kirche Pate. Denn beim Bau im Jahre 1340 lag sie außerhalb der Stadtmauern und war nur zu erreichen, wenn jemand das Flüsschen Aa überwand, also „über (das) Wasser" ging.

Gegenüber der Überwasserkirche liegt das Antiquariat Solder, das sich für die ZDF-Krimireihe „Wilsberg" immer in das Buchgeschäft von Privatdetektiv Georg Wilsberg, gespielt von Leonard Lansink, wandelt.

♦ Frauenstraße 49, 48143 Münster, ☏ 02 51/453 39, 💻 www.antiquariat-solder.de

In unmittelbarer Nachbarschaft zur Überwasserkirche beherbergt die nach Plänen von Max Dudler errichtete **Diözesanbibliothek** die größte theologische Spezialbibliothek in Deutschland. Rund 700.000 Bücher sowie unzählige wertvolle Handschriften sind hier zu finden.

Das Münsteraner **Schloss** wurde als fürstbischöfliche Residenz zwischen 1767 und 1787 errichtet. Heute wird das markante dreiflügelige Gebäude als Verwaltungssitz der **Westfälischen Wilhelms-Universität** genutzt. Die Hochschule ist mit rund 250 Studiengängen in 15 Fachbereichen sowie gut 49.000 Studierenden eine der größten und renommiertesten in Deutschland.

♦ Schlossplatz 2, 48149 Münster, ☏ 02 51/830, 💻 www.uni-muenster.de

Auf dem Vorplatz des fürstbischöflichen Schlosses, dem Schlossplatz, steigt dreimal jährlich mit dem **Send** (💻 www.stadt-muenster.de/send/startseite.html) die größte Kirmes im Münsterland.

Teil des Schlossgartens ist der mehr als 200 Jahre alte **Botanische Garten** der Westfälischen Wilhelms-Universität mit über 8.000 verschiedenen Pflanzenarten.

♦ Sommer: 8:00-19:00, Winter 8:00-16:00, Eintritt frei

Neuer Stern am Münsteraner Kulturhimmel ist der im September 2014 eröffnete Neubau des **LWL-Museums für Kunst und Kultur**. Der 50 Millionen Euro teure, von Volker Staab entworfene Komplex zwischen Domplatz und Aegidiimarkt ist zugleich ein neuer architektonischer Blickfang in Münster. Das Themenspektrum des Hauses reicht vom Mittelalter bis zur zeitgenössischen Avantgarde. Gezeigt werden Werke und Arbeiten von August Macke, Conrad von Soest, von Derick und Jan Baegert oder Conrad Felixmüller, aber auch von Max Ernst, Josef Albers oder der Zero-Gruppe.

♦ Domplatz 10, 48143 Münster, ☏ 02 51/59 07 01, www.lwl.org/LWL/Kultur/museumkunstkultur, Di-So und feiertags 10:00-18:00, Eintritt € 8, ermäßigt € 4. Am zweiten Freitag im Monat ist die Sammlung von 10:00-22:00 geöffnet, der Eintritt ist an diesem Tag frei.

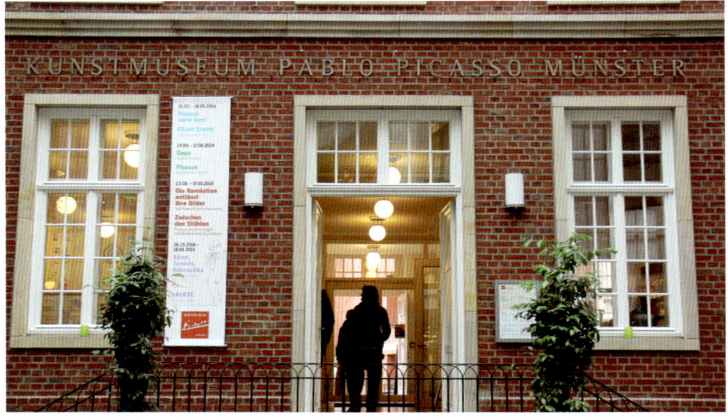

Kunstmuseum Pablo Picasso Münster © ktr

Überaus sehenswert ist auch das **Kunstmuseum Pablo Picasso Münster**. Dessen Sammlung umfasst rund 800 Werke des Künstlers aus verschiedenen Perioden seines Schaffens. Daneben gehören Werke von Georges Braque und Marc Chagall zum Bestand des Hauses. Auch die deutschlandweit umfangreichste

Sammlung von Werken des Künstlers Henri Matisse mit insgesamt 121 Grafiken bereichert seit Herbst 2015 die ohnehin stolze Sammlung des Museums.

♦ Picassoplatz 1, ☏ 02 51/414 47 10, info@picassomuseum.de, www.kunstmuseum-picasso-muenster.de, tgl. 10:00-18:00, Eintritt € 10, ermäßigt € 8

Das **Stadtmuseum Münster** arbeitet anschaulich die Geschichte der Stadt von den Anfängen bis zur heutigen Zeit auf. Ergänzt wird das Ganze durch Wechselausstellungen – vornehmlich zur münsterischen Kunst- und Kulturgeschichte.

♦ Salzstraße 28, ☏ 02 51/492 45 03, www.stadt-muenster.de/museum, Di-Fr 10:00-18:00, Sa, So und feiertags 11:00-18:00, Eintritt frei

Daneben verfügt Münster über eine Reihe ungewöhnlicher und zum Teil einzigartiger Museen: Da ist beispielsweise das **Museum für Lackkunst**. Dieses nennt eine Sammlung mit mehr als 1.000 Objekten der Lackkunst aus Europa, der islamischen Welt und Ostasien sein Eigen. Einige der Exponate sind mehr als 2.000 Jahre alt.

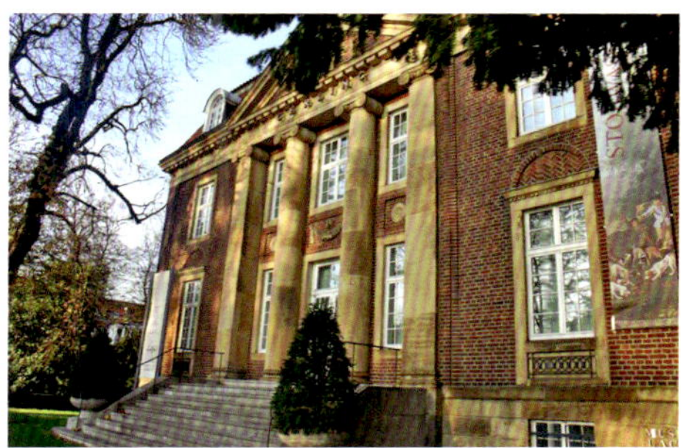

Museum für Lackkunst © ktr

♦ Windthorststraße 26, 48143 Münster, ☏ 02 51/41 85 10, www.museum-fuer-lackkunst.de, Di 12:00-20:00, Mi-So 12:00-18:00, Eintritt € 3, ermäßigt € 2, dienstags freier Eintritt

Das **Lepramuseum** ist das deutschlandweit einzige Museum, das sich mit der Geschichte, Verbreitung und Bekämpfung der Krankheit Lepra auseinandersetzt.

♦ Kinderhaus 15, 48159 Münster, www.lepramuseum.de, von Oktober bis März So 15:00-17:00, in der übrigen Zeit So 15:00-18:00, Eintritt frei

Der Name ist im **Bibelmuseum** der Wilhelms-Universität Programm. Gezeigt werden Bibeltexte, Papyri, Handschriften, gedruckte Bibeltexte und moderne

Computerausgaben der Heiligen Schrift. Wegen Bauarbeiten ist das Bibelmuseum seit Sommer 2017 geschlossen. Wann die Wiedereröffnung erfolgt, stand bei Redaktionsschluss noch nicht fest.

♦ Pferdegasse 1, 48143 Münster, ☏ 02 51/832 25 80, 🖳 www.uni-muenster.de/Bibelmuseum, Di, Mi und Fr 11:00-17:00, Do 11:00-19:00, Sa 11:00-13:00, Eintritt frei

☺ Die beste Sicht auf Münster

Von der 11. Etage des **Stadthauses I** (Eingang Klemensstraße) bietet sich ein toller Rundblick auf die Innenstadt von Münster. Von hier wurden schon mehrfach Panoramaaufnahmen der Stadt für den Tatort gemacht. In der 11. Etage befindet sich auch die Kantine des Rathauses. Diese steht auch Gästen offen.

Geöffnet ist die Kantine wochentags bis 13:45.

Das wohl populärste Naherholungsgebiet vor den Toren der Altstadt ist der in den 1920er-Jahren angelegte **Aasee**. Das 40 ha große Gewässer und die darum herum liegende Grünanlage erfreuen sich bei Wassersportlern, Joggern und Spaziergängern gleichermaßen großer Beliebtheit.

Aasee © ktr

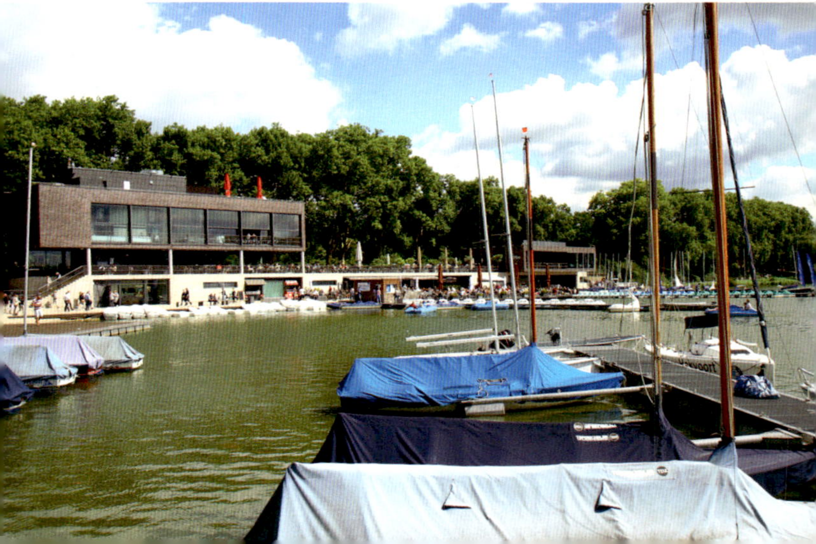

Genuss am Aasee

Am Nordostufer des Aasees liegen die **Aaseeterrassen**. Zum Komplex gehören neben einer Segelschule sowie einem Ruder- und Tretbootverleih auch zwei gastronomische Einrichtungen: Da ist zum einen das italienische ✕ Ristorante Il DiVino, zum anderen das ✕ A2 am See mit Sonnenterrasse, Bar, Bistro und SkyBar.

- 💻 www.aaseeterrassen.de
- ✕ Il DiVino: Annette-Allee 1, 48149 Münster, ☏ 02 51/98 29 87 30, 💻 www.ildivino-aasee.de
- ♦ A2 am See: Annette-Allee 3, 48149 Münster, ☏ 02 51/284 68 40, 💻 www.a2amsee.de

Einen weiteren Besuchermagneten bildet am Rande des **Aasees** der 1974 neu eröffnete **Allwetterzoo**. Auf einer Fläche von 300 ha tummeln sich hier etwa 300 Tierarten mit zusammen mehr als 3.000 Tieren. Auf dem Areal des Zoos befindet sich auch das **Westfälische Pferdemuseum**. Auf rund 1.000 m² dreht sich hier alles um die Natur- und Kulturgeschichte des Pferdes in Westfalen.

- ♦ Allwetterzoo: Sentruper Straße 315, ☏ 02 51/890 40, 💻 www.allwetterzoo.de, 🚪 tgl. ab 9:00, Eintritt € 18,90 im Sommer, € 14,90 im Winter, im Eintritt enthalten ist der Besuch des Pferdemuseums.
- ♦ Pferdemuseum: Sentruper Straße 311, 48161 Münster, ☏ 02 51/48 42 70, 💻 www.pferdemuseum.de, 🚪 April bis September 9:00-18:00, Oktober und März 9:00-17:00, November bis Februar 9:00-16:00, Eintritt € 18,90 im Sommer, € 14,90 im Winter, im Eintritt enthalten ist der Besuch des Allwetterzoos.

Unmittelbar neben dem Zoo befindet sich das **LWL-Museum für Naturkunde**. Neben der Ausstellung über die Entwicklung Westfalens von der Mammutsteppe zur Agrarlandschaft werden hier die Überreste von Dinosauriern gezeigt, darunter das 16 m lange Skelett eines Tyrannosaurus Rex. In den Komplex integriert ist auch ein Großplanetarium.

- ♦ Sentruper Straße 285, 48161 Münster, ☏ 02 51/591 05, 💻 www.lwl-naturkundemuseum-muenster.de, 🚪 Di-So 9:00-18:00 Eintritt € 6,50, ermäßigt € 4,10

An den Ufern des Aasees liegt auch das **Freilichtmuseum Mühlenhof**. Das kleine Museumsdorf umfasst neben einer historischen Bockwindmühle von 1748 und einem Mühlenhaus von 1619 unter anderem ein Backhaus, eine Rossmühle, eine Schmiede und einen Dorfladen.

♦ Theo-Breider-Weg 1, 48149 Münster, ☏ 02 51/98 12 00, www.muehlenhof-muenster.org, Mitte März bis Ende Oktober tägl. 10:00-18:00, in der übrigen Zeit Sa-So 11:00-17:30, Eintritt für Erwachsene € 5, ermäßigt € 3,50

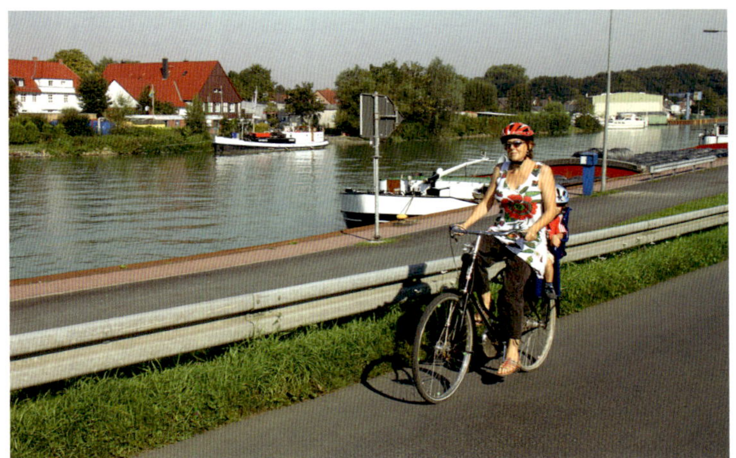

Mit dem Rad am Dortmund-Ems-Kanal © ktr

Ein Fahrrad-Paradies

Nicht von ungefähr wurde Münster wiederholt zur „fahrradfreundlichsten Stadt in Deutschland" gekürt. So viel Ruhm und Ehre zieht Nachahmer an: Stadtplaner aus aller Herren Länder begeben sich regelmäßig auf Studienreise in die Fahrradstadt.

Nach Schätzungen soll es bei 307.000 Einwohnern stolze 500.000 Fahrräder in Münster geben. Und die Pedalritter können sich nicht nur über fast durchgehend flache Wege, sondern auch über ein hervorragend ausgebautes Netz an Radwegen freuen. Eine Besonderheit ist dabei fraglos die innerstädtische **Promenade**. Die rund 4,5 km lange Ringstraße, die im Jahre 1770 durch **Wilhelm Ferdinand Lipper** angelegt wurde, umgibt die Altstadt von Münster und steht ausschließlich Radfahrern und Fußgängern offen. Die doppelreihige Lindenallee ist komplett autofrei.

Einziger Makel dieser charmanten westfälischen Stadt aus Sicht der Radfahrer: Im deutschsprachigen Raum ist Münster nahezu chronisch „Spitzenreiter" unter den Städten mit den meisten Fahrraddiebstählen. Wer sichergehen will, kann sein Fahrrad am Bahnhof im angeblich größten **Fahrrad-Parkhaus** in Deutschland unterstellen. Dort finden sage und schreibe 3.300 Drahtesel Platz.

Die beliebtesten Ausgehgegenden der Stadt sind nicht nur für die gut 49.000 Studierenden das **Kuhviertel** und das **Hansaviertel**. Insgesamt verfügt Münster über rund 900 Restaurants, Kneipen und Bars – womit für jeden Geschmack und jeden Geldbeutel das Richtige zu finden sein dürfte.

Eines der neuen In-Viertel der Stadt ist fraglos auch der **Kreativkai**. An Münsters Stadthafen am **Dortmund-Ems-Kanal** gelegen, fasziniert die Ausgehmeile mit einer Kombination aus altem Industriecharme und moderner Architektur. Verlage und Werbeagenturen haben sich hier ebenso angesiedelt wie Szenegastronomie und Diskotheken.

Am Hafen liegt mit dem **Wolfgang-Borchert-Theater** auch das bundesweit älteste Privattheater. Im Jahre 1956 als literarisch orientierte Avantgardebühne gegründet, werden hier heute eigenwillige Klassikerinszenierungen und moderne Dramatik, Musik- und Tanztheater zur Aufführung gebracht.

♦ Am Mittelhafen 10, 48155 Münster, ☏ 02 51/39 90 70,
💻 www.wolfgang-borchert-theater.de

Im Hafengebiet befindet sich zudem seit dem Jahre 2004 die **Ausstellungshalle zeitgenössische Kunst Münster**. Das **AZKM**, zu dem auch 30 Ateliers gehören, präsentiert vornehmlich zeitgenössische Kunst – dabei erhalten sowohl namhafte Künstler als auch aufstrebende Talente eine Plattform für ihre Arbeiten im knapp 1.000 m² großen Speicher II.

♦ Hafenweg 28, 48155 Münster, ☏ 02 51/674 46 75,
💻 www.muenster.de/stadt/kunsthalle, 🚪 Öffnungszeiten während der Ausstellungen: Di-Fr 14:00-19:00, Sa-So 12:00-18:00

Direkt an der **Schleuse Münster** gelegen, widmet sich die Schaustelle Kanal ganz der Bau- und Kulturgeschichte des Dortmund-Ems-Kanals, der seit 1899 durch Münster verläuft.

♦ Dingstiege 2, 48155 Münster, ☏ 02 51/23 93 81,
💻 www.wsa-rheine.de/service/schaustelle_kanal/index.html, 🚪 Infozentrum: 1. April bis 31. Oktober Di-Do 15:00-18:00, Fr-So 14:00-18:00, Eintritt frei

Anhang & Index

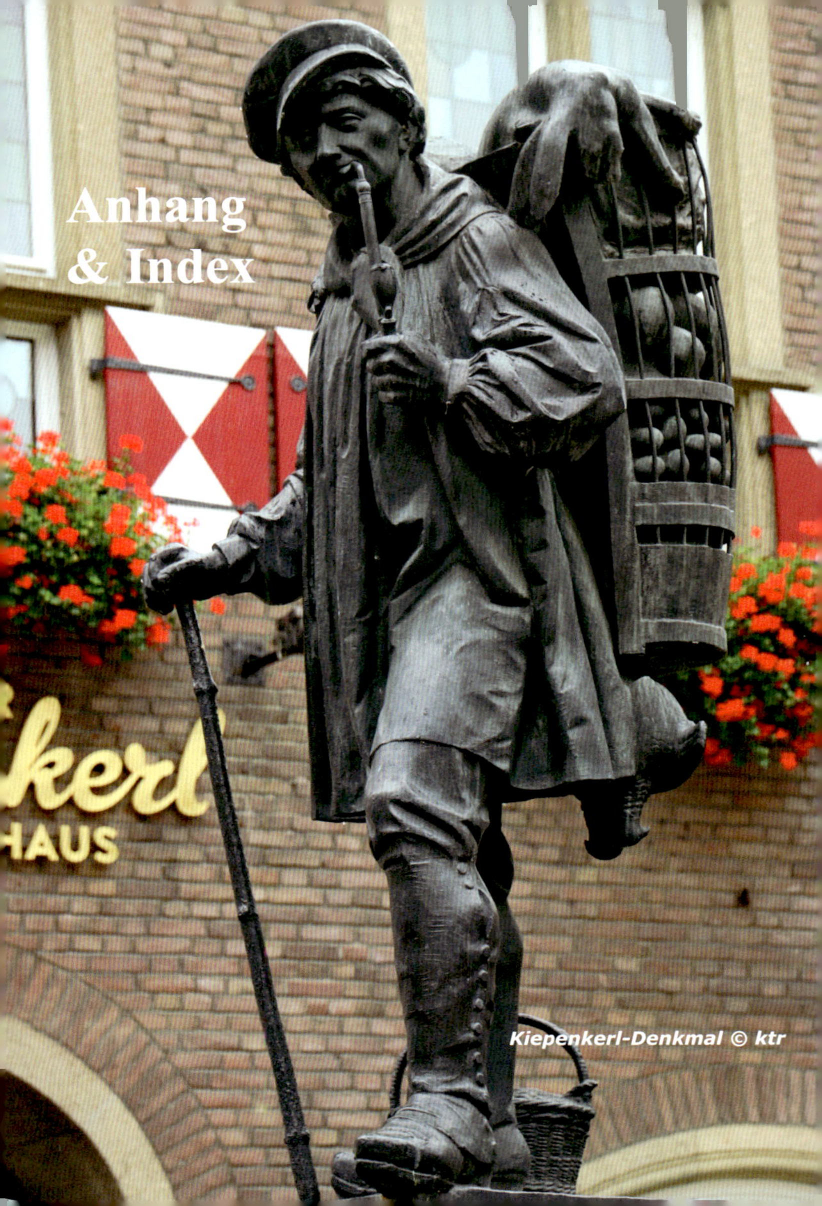

Kiepenkerl-Denkmal © ktr

Autogrammadressen

- Axel Prahl, c/o Agentur LUX, Bamberger Straße 33, 10779 Berlin
- Jan Josef Liefers, c/o Agentur Players, Sophienstraße 21, 10178 Berlin

Literaturtipps

- Matthias Dell: „Herrlich inkorrekt. Die Thiel-Boerne-Tatorte", Bertz + Fischer Verlag, Berlin 2012, ISBN 978-3-86505-709-9
- François Werner: „Tatort – das Buch. 999 x Krimi, Kult & Kurioses", Moses Verlag, Kempen 2014, ISBN 978-3-89777-805-4

Weiterführende Websites

- www.tatort.de – die offizielle Webseite der ARD zur Krimiserie mit viel Wissenswertem zu den Filmen, den Darstellern und den Sendeterminen
- http://tatort-fans.de – eine Fundgrube und (Meinungs-)Austauschplattform für alle Tatort-Liebhaber
- www.facebook.com/tatort.muenster – der Facebook-Auftritt für alle Fans des Münsteraner Tatorts mit vielen Bildern, Videoclips und aktuellen Posts
- www.axelprahl.de – die offizielle Website von Thiel-Darsteller Axel Prahl
- www.facebook.com/janjosefliefers – der offizielle Facebook-Auftritt von Jan Josef Liefers mit aktuellen Infos über den Star; zudem lässt Liefers seine Fans hier in der Regel am Geschehen rund um die Dreharbeiten teilhaben.
- https://twitter.com/janjosefliefers – Jan Josef Liefers hält seine Fans auch über den Kurznachrichtendienst Twitter immer auf dem Laufenden.
- http://janjosefliefers-fanseite.com – Online-Tummelplatz für die Anhänger von Jan Josef Liefers
- https://www.facebook.com/axel.prahl.7/ – der offizielle Facebook-Auftritt von Axel Prahl mit aktuellen Infos, Fotos und Videoclips rund um die Dreharbeiten zum Münsteraner Tatort

Index

A

B

C

D/E

F

G

H

J

K

L

M